# WATERFRONT
# VISIONS / VISIES

*Transformaties in Amsterdam-Noord*
*Transformations in North Amsterdam*

# WATERFRONT
Transformaties in Amsterdam-Noord
# VISIONS /
Transformations in North Amsterdam
# VISIES

NAi UITGEVERS / PUBLISHERS

# WATERFRONT
## VISIONS / VISIES

*Transformaties in Amsterdam-Noord*
*Transformations in North Amsterdam*

NEDERLANDS ARCHITECTUURINSTITUUT / NETHERLANDS ARCHITECTURE INSTITUTE

WONINGCORPORATIE YMERE / HOUSING CORPORATION YMERE

GEMEENTE AMSTERDAM / CITY OF AMSTERDAM

NAi UITGEVERS / PUBLISHERS

# INHOUD

# CONTENT

# VOORWOORD

*Ole Bouman, Maarten van Poelgeest en Roel Steenbeek*

De ervaren lezer weet het: teksten met drie namen eronder zijn zelden interessant. Drie opvattingen, drie belangen, en toch één tekst, dat kan alleen maar een gemiddelde zijn. Maar wees gerust, hier is de uitzondering op de regel. Al was het alleen maar omdat dit woord vooraf niet louter resultaat is van cocreatie, de prijsvraag zelf is dat ook.

Dit boek presenteert de oogst van een bijzondere prijsvraag, de Open Fort 400. Bijzonder om zijn aanleiding: vierhonderd jaar betrekkingen tussen Amsterdam en New York. Voor het bedenken van een cultureel festival mag dat misschien voldoende zijn, maar wat betekent het als je het als inspiratiebron neemt waaruit een echt stukje stad, echte gebouwen gaan ontstaan? En dat in een tijd waarin zowel in New York als in Amsterdam de ruimte voor hun gedeelde waarden van vrijheid en tolerantie onder druk staat. Wat kan de ontwerper uit die relatie destilleren dat als drager van zijn plan kan dienen; en wat kunnen toekomstige bewoners eraan ontlenen dat hun in het dagelijks leven bijblijft? Hoe maak je met andere woorden van een historische aanleiding weer een hedendaagse noodzaak?

Bijzonder is deze prijsvraag ook vanwege de plek waar het om gaat: de kop van de Grasweg in Amsterdam-Noord. Het is een in het oog springende locatie in Nederland, namelijk de westelijke entree van de hoofdstad via het water. Daarnaast is er sprake van grote sociale veranderingen in dit stadsgebied dat lange tijd niet op de radar van de gemiddelde Amsterdammer voorkwam. De inzendingen spreken zich uit over de rol van het water bij het ontwikkelen van vitale én duurzame stedelijkheid. Maar de ontwerpen zijn tevens voorstellen voor het beëindigen van de sociaal-culturele en economische uitzonderingspositie van dit deel van de stad, waar slechts ruimte was voor industrie en dat zelfs diende als een soort verbanningsoord voor sociaal achtergestelden. En daarmee komen we op de oogst van de opgave zelf:

# PREFACE

## *Ole Bouman, Maarten van Poelgeest and Roel Steenbeek*

The experienced reader will know: a text written by three authors is seldom interesting. Three opinions, three individual concerns and yet one text. It can only end in concession. But let the reader breath easy, because this is an exception to the rule. Not only is this preface a result of co-creation, so is the competition that it introduces.

This book presents the winning ideas of the special competition Open Fort 400. Special because of the 400-year relationship between Amsterdam and New York. That might be enough of a basis for organising a cultural festival, but what if it were used as the source of inspiration for a real urban area in which real buildings will arise? And that at a time in which the values of freedom and tolerance shared by New York and Amsterdam are under threat. What can the designer distil from such a relationship that could be used to support his or her plan? And what can future residents derive from this to incorporate into their daily lives? In other words, how do you turn historical fact into a contemporary necessity?

This competition was also special because of the location involved: the top of the Grasweg in North Amsterdam. This is a unique location, the western point of entry to the city by water. Major social changes are now underway in a part of the city that had for a long time been invisible to most people in Amsterdam. The entries of the competition address a disused waterfront as a vital and sustainable urban area, transforming the exceptional social, cultural and economic situation of a part of the city that was once dominated by industry and had become a place of exile for the socially deprived.

A hundred entries were received from 28 countries, from which five new architectural offices were selected for the final round on the basis of their extremely diverse plans.

A cultural organisation (NAI), a housing corporation (Ymere) and a municipality (Amsterdam) came together in a search for new

honderd inzendingen uit 28 landen, met uiteindelijk vijf jonge
bureaus in de   die allemaal duidelijk zijn in hun zeer uiteen-
lopende keuzes: een icoon, een dorp, een utopie, een openbaar
podium...

Een culturele instelling (NAi), een woningcorporatie (Ymere) en
een gemeente (Amsterdam) vonden elkaar in een grootse opgave
die zich uitstrekt over de grenzen van hun verantwoordelijkhe-
den. Bestemming van een gebied en het ontwerpen ervan, de ex-
ploitatie en sociale duurzaamheid en de uiteindelijke betekenis
voor architectuur en cultuur: geen wonder dat de oogst rijk is.
Een onvoltooide geschiedenis, een plek die nooit af is, een cocreatie in bloei.

*Ole Bouman*, directeur Nederlands Architectuurinstituut
*Maarten van Poelgeest*, wethouder Ruimtelijke Ordening Amsterdam
*Roel Steenbeek*, voorzitter Raad van Bestuur Ymere

architectural ideas that would crossover the boundaries of separate responsibilities: the zoning plan for the area, its development and social sustainability, and its significance for architecture and culture. No wonder there was such a rich yield an unfinished history. A site never fulfilled, a co-creation in bloom.

*Ole Bouman*, director of the Netherlands Architecture Institute
*Maarten van Poelgeest*, councillor for Urban Planning, Amsterdam
*Roel Steenbeek*, chairman of the Board of Directors of Ymere

# OPEN FORT 400:
# YMERE-NAi-PRIJSVRAAG 2009
### *Klaske Havik*

De Open Fort 400-prijsvraag werd uitgeschreven door het Nederlands Architectuurinstituut (NAi) in samenwerking met Ymere en de gemeente Amsterdam. Door de nauwe betrekkingen tussen Amsterdam en de woningcorporatie Ymere ging deze open prijsvraag verder dan een vrijblijvende ideeencompetitie: er was kans op verdere uitwerking en realisatie in een latere fase. De prijsvraag was bijzonder doordat hij de inzenders expliciet vroeg een visie op de culturele ontwikkeling van een markant stuk van Amsterdam te koppelen aan een concreet ontwerp voor een gebouw en publieke ruimte. Met deze vraag hoopte het NAi dan ook op nieuwe mogelijkheden voor de architectuur om bij te dragen aan culturele en economische ontwikkeling. Omdat een dergelijke ontwikkeling niet uitsluitend draait om architectuur, maar evengoed uitspraken behoeft omtrent het landschap en de invulling van het publieke domein, hoopte de organisatie op deelname van teams afkomstig uit diverse vakgebieden. Dit interdisciplinaire karakter werd weerspiegeld in de samenstelling van de jury.[1] Naast prominente architecten als voormalig rijksbouwmeester Mels Crouwel en Thijs Asselbergs, onder meer betrokken bij ontwerpen voor de locatie van deze prijsvraag, behoorden ook landschapsarchitect Ronald Rietveld en kunsthistorica en curator Saskia Bos tot de jury. Door hun deelname zou de samenhang tussen gebouw, publieke ruimte en de landschappelijke kenmerken van de locatie, alsook de rol van culturele initiatieven en nieuwe programma's het publieke domein kunnen stimuleren.

Russell Shorto is als historicus, schrijver én inwoner van zowel New York als Amsterdam kenner van de ontstaansgeschiedenis van beide steden. Hij belichtte de historische component van de Open Fort 400-prijsvraag evenals de conceptuele koppeling tussen de oorsprong van New York en de start van nieuwe stedelijke ontwikkelingen in Amsterdam.

Pieter Klomp, die als teamleider van de Dienst Ruimtelijke Ontwikkeling van de gemeente Amsterdam verantwoordelijk is voor de ontwikkeling van de IJ-oevers, hield de inzendingen vanuit een zeer actueel perspectief tegen het licht van toekomstige ontwikkelingen en de ambities van de gemeente Amsterdam. De juryzittingen van de eerste ronde hadden eind augustus 2009 plaats, vlak bij de ontwerplocatie, in de voormalige Shell-kantine in Amsterdam-Noord. Voorafgaand aan de jurering van de inzendingen stapte de jury aan boord

# OPEN FORT 400:
# YMERE-NAI COMPETITION 2009
### *Klaske Havik*

The Open Fort 400 competition was organised by the Netherlands Architecture Institute together with the housing corporation Ymere and the municipality of Amsterdam. Given the close cooperation between the municipality and Ymere, this open contest was never going to be simply a noncommittal contest of ideas: the winning idea would well be realised at a later stage. The contest explicitly required that participants couple a view of the cultural ambitions for the development of a prominent area of Amsterdam with a concrete design for a building and a public space. The Netherlands Architecture Institute anticipated that this request would stimulate new ways in which architecture could contribute to cultural and economic development. To emphasize that such a project involves architecture, landscape and the public domain, the organisation hoped that interdisciplinary teams would participate, as reflected in the composition of the jury.[1] Members of the jury included such prominent

figures as the former chief-government architect Mels Crouwel, architect Thijs Asselbergs, landscape architect Ronald Rietveld and art historian/curator Saskia Bos. Through their involvement, the cohesion between building, public space and the landscape of the location, as well as the role of cultural initiative and new programs, could stimulate the public domain. As a historian, writer and resident of both New York and Amsterdam, Russell Shorto is familiar with the history of both cities. He was able to shine light on the historical component of the Open Fort 400 contest as well as the conceptual link between the origins of New York and the beginning of new urban developments in Amsterdam. Pieter Klomp, team leader of the Noordwaarts Department of Spatial

van een boot voor een tocht over het IJ, waarbij ze de transformaties die rond het IJ gaande waren met eigen ogen konden zien. Tevens bracht ze een bezoek aan de prijsvraaglocatie op de Buiksloterham. Hier werden de ambities van gemeente en Ymere nogmaals toegelicht, terwijl architect en jurylid Thijs Asselbergs de actuele plannen voor het gebied en de daarmee gedefinieerde randvoorwaarden van de prijsvraag uit de doeken deed. In de voormalige Shell-kantine wachtten ondertussen alle 100 inzendingen, gelijkelijk verspreid in de ruimte, op de kritische blik van de jury.

<h3 style="text-align:center">400 JAAR AMSTERDAM-NEW YORK</h3>

Een bijzonder aspect van deze editie van de Ymere-NAi-prijsvraag was de koppeling aan het Henry Hudson-jaar, dat was uitgeroepen naar aanleiding van de vierhonderdjarige relatie tussen de steden Amsterdam en New York. In 2009 was het immers vierhonderd jaar geleden dat Henry Hudson namens de Verenigde Oost-Indische Compagnie voet aan wal zette op het huidige Manhattan. Een nieuwe Nederlandse kolonie met de naam Nieuw-Amsterdam werd hier gesticht – allereerst met de bouw van Fort Amsterdam. Het bood bescherming aan de inwoners, niet alleen door het bewoonde gebied te omsluiten, maar ook door zijn strategische positie als militaire vesting. Het bood ruimtelijke vrijheid, waarbinnen de nederzetting kon groeien, en uiteindelijk kon verworden tot een wereldcentrum van kennis en culturele diversiteit.

Bijzonder aan de stad Nieuw-Amsterdam die op deze plek ontstond, was het stedelijke leven, dat zich van de Engelse of Spaanse koloniale nederzettingen onderscheidde door een open en tolerante handelsgeest. Aangezien al in die vroegste tijd de nederzetting multi-etnisch van aard was, bleek tolerantie ten opzichte van verschillende achtergronden dé manier om de sociale samenhang van de gemeenschap te garanderen. Ook nu nog bepalen deze tolerantie en demografische diversiteit het karakter van New York. Zo beschouwd hebben de Amsterdamse pioniers de basis gelegd voor een moderne vorm van stedelijk leven. Nu Amsterdam met de grootschalige herontwikkeling van de havengebieden in Amsterdam-Noord de kans heeft een nieuw stedelijk gebied te realiseren, dient de vergelijking met de pioniers van toen zich aan. Kan een nieuw gebouw aan de IJ-oever eenzelfde katalyserende werking hebben als het Fort Amsterdam destijds? Nu een fort niet meer in militair opzicht dient ter verdediging van de stad, op welke manieren kan het de stedelingen dan beschermen tegen andere bedreigingen, zoals klimaatsverandering of sociale segregatie? Wat voor programma's zou een hedendaags fort moeten opnemen

Development of the municipality of Amsterdam and responsible for developing the banks of the IJ, viewed the entries in the light of current and future developments and further ambitions of the municipality. The jury meetings, of the first round, were held at the end of August 2009, near the design location, in the former Shell canteen in North Amsterdam. Prior to evaluating the entries the jury took a boat trip on the IJ to inspect the ongoing transformation of the area around the IJ and to visit the contest location in the post-industrial area Buiksloterham. The ambitions of both the municipality and Ymere were explained while Thijs Asselbergs – jury member and architect of the initial plan for the area of the competition – laid out the current plans for the area and the precise terms of the competition. All of the 100 entries were spread out in the Shell canteen to await the jury's critical appraisal.

400 YEARS AMSTERDAM-NEW YORK

The special feature of this edition of the Ymere-NAI contest was its link to the Henry Hudson year, proclaimed in celebration of the 400-year relation between the cities of Amsterdam and New York since Henry Hudson set foot on the island of Manhattan and claimed it for The Dutch East India Company. A Dutch colony known as New Amsterdam was founded there and the first building was Fort Amsterdam. The fort offered protection to the inhabitants by enclosing the populated area and by giving the colonists a strategic position, offering the spatial freedom in which the settlement could grow.

Unique to the trading port of New Amsterdam which arose on this spot was the character of urban life quite different to British or Spanish colonial settlements, marked by its open and tolerant spirit of commerce. The settlement was multi-ethnic from the start and its tolerance of people from a wide variety of backgrounds appeared to be a method of securing the social cohesion of the community, a tolerance and demographic diversity that still determines the character of New York to this day. The first citizens of New Amsterdam pioneered a modern form of urban living. Now that Amsterdam has the chance to create a new urban area within the large-scale redevelopment of the harbours of its northern quarter, the comparison with the pioneers of Manhattan centuries ago has presented itself. Could a new building on the banks of the IJ have the same catalysing effect as Fort Amsterdam once did? While a fort is no longer needed to provide military protection, how could the city's inhabitants be protected against other threats, such as climate change or social segregation? What sort of programs should a modern fort contain to be significant for the Amsterdam community while

om van betekenis te zijn voor de Amsterdamse gemeenschap, en tegelijkertijd een krachtig beeldmerk te vormen voor bezoekers van buitenaf? Het 'Open Fort' uit de prijsvraagtitel illustreerde deze paradox: de vraag naar een fort als dichte, beschermende massa die het stedelijk leven omsluit, en tegelijkertijd de ambitie om juist open, dynamisch en creatief te opereren teneinde de stad, en Amsterdam-Noord in het bijzonder, nieuw leven in te blazen.

### AMSTERDAM-NOORD: ATMOSFEER EN AMBITIE

Amsterdam-Noord is van oudsher de 'andere' kant van Amsterdam. Ondanks de korte afstand tussen beide delen van de stad en het gemak van de snelle pontverbinding heeft het IJ tot in de jaren negentig van de vorige eeuw altijd als psychologische barrière gewerkt. Tegenover de activiteit in de binnenstad en de stedelijke verdichting die optrad in andere delen van Amsterdam, heeft Amsterdam-Noord lang zijn eigen karakter behouden: dorpsachtige woongebieden afgewisseld met grootschalige loodsen, havenbekkens en bedrijfsgebouwen. De laatste decennia heeft zich langzamerhand een fundamentele verandering in Noord voltrokken: de industrie heeft de IJ-oevers verlaten en er kwamen grote gebieden vrij voor nieuwe ontwikkelingen. In navolging van de Zuidelijke IJ-oever, waar in de jaren negentig voormalige havengebieden als KNSM-eiland, JAVA-eiland en de Silodam transformeerden tot nieuwe woon- en werkgebieden, is het nu de beurt aan Amsterdam-Noord om met de herontwikkeling van de IJ-oevers een nieuwe impuls aan de stad te geven. De gemeente kiest daarbij voor een andersoortig proces: er wordt niet langer gewerkt met een vastomlijnd masterplan. In plaats daarvan is gekozen voor een set startcondities die verschillende ontwikkelscenario's toelaten. Twee belangrijke peilers van dit raamwerk zijn de zogeheten groene oever en het streven naar een divers programma. Het plan voor de groene oever houdt in dat er een strook extra land op het IJ wordt gewonnen. De zo ontstane zone langs het water dient vrij te blijven van bebouwing. Dit biedt, behalve een recreatieve verbindingsroute langs het IJ, een belangrijke voorwaarde voor het kunnen bouwen van woningen: het is een aanvaarbeveiliging voor de grote scheepvaart die nog altijd plaatsvindt op het IJ. De groene oevers, die gezien de oriëntatie volop in de zon liggen, zullen een contrast vormen met de harde, beschaduwde kades aan de zuidelijke IJ-oevers. Met *mixed use* wordt ingezet op een menging van wonen en bedrijvigheid. De bedrijvigheid, die Amsterdam-Noord van oudsher gekarakteriseerd heeft, wordt nu gezocht in de creatieve industrie. Kunstenaars, ontwerpers en andere creatieve pioniers hebben de laatste jaren al de weg gevonden naar Noord, waar je in de ruige, robuuste sfeer

simultaneously standing as a powerful symbol for outside visitors? The title of the contest – Open Fort – illustrates the need for a fort as a closed, protective mass that encompasses urban life, but, at the same time, the ambition to operate openly, dynamically and creatively in order to breathe new life into the city, particularly North Amsterdam.

### NORTH AMSTERDAM – ATMOSPHERE AND AMBITION

North Amsterdam has always been thought of as the other side of Amsterdam. Despite the short distance between the two parts of the city and the ease afforded by a fast ferry connection, the IJ remained a psychological barrier through the 1990s. In contrast to the activities of the inner city and the urban compactness found in other districts, North Amsterdam long retained its own character: village-like residential areas interspersed with large sheds, docksides and wharfs, small harbours and low commercial buildings. Over the last ten years a gradual but fundamental change has gradually occurred here: industry has abandoned the banks of the IJ and large areas have been freed up for new developments. Following the example of the southern banks of the IJ, where in the 1990s former harbour areas such as KNSM island, JAVA island and the Silodam became new residential and commercial areas, it is now the turn of North Amsterdam to redevelop of the banks of the IJ to give a new impulse to the city. In this case the municipality of Amsterdam has chosen another sort of process: work will no longer be done according to a well-defined master plan. There is instead a set of basic conditions that will allow diverse development scenarios. Two important requirements of this framework are the green bank and varied programmatic interpretation. The plan for the green bank means that an extra strip of land will be reclaimed from the IJ that would be free from construction, offering a recreational waterside route along the IJ, as well as compliance with a working waterways regulation that prohibits buildings right on the shoreline, a safety measure for the inland shipping traffic that still uses this major waterway. The green banks lie in unobstructed sunshine and stand in contrast with the hard and shaded wharves on the southern banks of the IJ. A mixture of residential and commercial areas is envisioned. The commercial activities that have always been characteristic of North Amsterdam will now focus on the creative industries. Artists, designers and other creative pioneers have already begun to find their way North, where it is possible to find inspiring and relatively affordable commercial and residential space in the rough and robust atmosphere of the harbours. The cultural activities on the NDSM terrain, the annual culture

van de havens inspirerende én betrekkelijk betaalbare werk- of woonruimte kunt vinden. Door de culturele activiteiten op het NDSM-terrein, het jaarlijkse cultuurfestival Over het IJ en de startende initiatieven bij de Shell-kantine en Tolhuistuin zullen nieuwe pioniers hun weg vinden naar Amsterdam-Noord.

### BUIKSLOTERHAM – KANSEN EN KADERS

Ook de Buiksloterham is een locatie die door de industrie tot dusver sterk naar binnen was gekeerd. De maat van de gebouwen is industrieel, de openbare ruimte verwaarloosd, betonnen stelconplaten en roestige hekwerken zijn overwoekerd door gras en braamstruiken. De Buiksloterham is een sleutelgebied in de ontwikkeling van Amsterdam-Noord tot levendig nieuw woon-werkgebied met veel culturele activiteit. Het gebied verbindt het centrale aankomstpunt van Noord – de ponthalte op de Buiksloterweg – met de nieuwe culturele dynamiek van de NDSM-werf. Het terrein achter de oevers kan, met de bestaande binnenwaters, een aantrekkelijke locatie worden om te wonen en te werken. Om de robuuste sfeer van het gebied te behouden moedigt de gemeente hergebruik van bestaande gebouwen aan. De Groene Draeck, het pand direct naast de prijsvraaglocatie, is daarvan een voorbeeld. Ook in het tijdelijk gebruik van plekken en het toestaan van tijdelijke bouwwerken en programma's ziet de gemeente kansen om nieuwe activiteiten in het gebied te initiëren. Hierbij zet ze in het bijzonder in op duurzame ontwikkeling. Zo worden de kavels aanbesteed op basis van de duurzaamheid van de voorstellen en niet op basis van de prijs. Ook wordt ernaar gestreefd de Buiksloterham $CO_2$-neutraal te maken. De randvoorwaarden voor de prijsvraag spelen in op deze ontwikkelingen. De stedenbouwkundige kaders betreffen dan ook een vrije, groene oever, een maximale bouwhoogte van 30 meter en een verbinding naar het NDSM-terrein. Ook diverse programmering was deel van de opgave, al stond het de inzenders vrij deze mix van functies voor het gebouw en de locatie nader te bepalen. De vormgeving van de publieke ruimte maakte deel uit van de opgave en de maten van het bouwvolume op de locatie waren afgeleid van het ontwerp van Atelier Thijs Asselbergs (ATA) voor het terrein rondom de prijsvraaglocatie.

### DE EERSTE JURYRONDE

Alvorens met de eerste bezichtiging van de plannen van start te gaan, nam de jury onder het voorzitterschap van Mels Crouwel nog eens nauwgezet haar taken door. Ondanks de vrijheden ten aanzien van concept, programma en publieke ruimte was de opgave ook aan veel kaders gebonden. Terecht,

festival *Over het IJ* and the initiatives at the Shell canteen and the Tolhuistuin function as incubators, enabling new pioneers to find their way to North Amsterdam.

### BUIKSLOTERHAM — OPPORTUNITIES AND FRAMEWORKS

The Buiksloterham area has till now been turned inward on itself. The buildings are industrial, public space has been neglected and the cement slab paving and fence poles are overgrown with grass and brambles. The Buiksloterham is a key area in the development of North Amsterdam into a lively new residential-commercial area with plenty of cultural activity. The area links the main arrival point in North, the ferry landing on the Buiksloterweg, with the new cultural dynamics of the NDSM wharf — for example MTV in a refurbished ship-building shed. The area behind the banks, with its inland waterways, could become an attractive location to live and work. To retain the robust atmosphere of the area, the municipality is encouraging the reuse of existing buildings, as has occurred with the Groene Draeck, a building immediately adjacent to the contest location. Other options for initiating new activities in the area include the temporary use of locations and allowing temporary structures and programs, and given that the municipality is promoting sustainable development the lots are to be awarded on the basis of the sustainability of the suggestions rather than on price. Attempts are being made to make the Buiksloterham $CO_2$-neutral. The terms of the contest reflected these developments. The urban development frameworks require a free, green waterside, a maximum construction height of 30 metres and a connection to the NDSM terrain plus diverse programming, though the contestants were free to determine their own mix of functions for the building and the location. The layout of the public space was integral to the assignment, and the dimensions of the volume of construction on the location were derived from the design by Atelier Thijs Asselbergs (ATA) for the area around the contest location.

### THE FIRST JURY ROUND

Prior to viewing the plans, the jury, chaired by Mels Crouwel, carefully reviewed its tasks. Despite the freedom of concept, program and public space that the assignment enjoyed, it was bound by a number of constraints — and correctly so, since they gave the winning plan a chance of being realised. Nevertheless, the jury decided that, when judging the entries, they would be reasonably flexible in assessing plans involving a free interpretation of these constraining frameworks. The jury used a broad definition of sustainability in both the

aangezien het winnende plan uiteindelijk een kans op realisatie moest hebben. Desondanks stelde de jury dat in de beoordeling van de inzendingen enige soepelheid zou worden betracht voor plannen die zich een vrije interpretatie van deze kaders zouden veroorloven. Het aspect van duurzaamheid zou ook worden beoordeeld, waarbij de jury een ruime definitie hanteerde: duurzaamheid niet alleen als technische maar ook als sociaal-economische parameter. In de antwoorden op de vraag naar programmatische invulling van het Open Fort hoopte de jury op innovaties in het culturele, sociale en economische vlak. Ten slotte speelde ook de beeldwaarde van de voorstellen een rol; een Open Fort zal immers ook als beeld een zekere publieke herkenbaarheid moeten uitdragen. De van tevoren vastgestelde criteria waaraan de jury zich verbond, waren de volgende:

- de manier waarop de opgave was vertaald in een overtuigend voorstel;
- de mate waarin het Open Fort in staat was de gewenste rol van stedelijke katalysator te vervullen;
- de mate waarin er een inspirerende en realistische visie was gegeven;
- de bijdrage van het Open Fort aan de IJ-oevers en aan de beleving van de directe omgeving.

De juryleden kregen de tijd om individueel alle 100 plannen te bekijken, waarna hun om een eerste indruk werd gevraagd. Algemeen werd geconstateerd dat het niveau wat lager lag dan verwacht. In eerste instantie werden weinig plannen gezien die een zekere urgentie tentoonspreiden, plannen die op een visionaire wijze belangrijke kwesties aan de kaak stellen. Veel plannen leken zich op het eerste gezicht toch te beperken tot het simpelweg maken van een gebouw, zonder daarbij een diepe reflectie te bieden op de thematiek van het ontstaan van stedelijke, culturele en sociale ontwikkelingen. Ook de relatie met de vierhonderdjarige betrekkingen tussen New York en Amsterdam was door de meeste inzenders niet uitgewerkt. De hedendaagse betekenis van een Open Fort, op programmatisch en ruimtelijk niveau, kwam in een klein deel van de inzendingen expliciet aan de orde. Een groot aantal inzendingen week af van de gestelde stedenbouwkundige randvoorwaarden, zoals het onbebouwd laten van de groene oever en de beperkende bouwhoogte van maximaal 30 meter. Daarbij bestond de indruk dat een groot deel van de inzenders niet goed bekend was met de specifieke condities van de locatie. Zo bleken veel inzenders zich nauwelijks bewust van klimatologische condities zoals water, wind en oriëntatie. Tevens bleken de geschiedenis en

technical sense and as a social-economic parameter, and hoped to see innovations in the cultural, social and economic programming. The symbolic value of the suggestions had also to be considered; an Open Fort must always convey a certain public recognizability. The jury were watchful for the following factors:

- The manner in which the assignment had been translated into a convincing suggestion;
- The extent to which the Open Fort could act as a catalyst;
- The extent to which an inspiring and realistic view had been presented;
- The contribution of the Open Fort to the banks of the IJ and to how it is experienced by its immediate surroundings.

The jury members had time to view all 100 plans individually and were then asked to give their first impressions. The general consensus was that the level was somewhat lower than expected. Few plans exhibited any real urgency or addressed important questions with vision. It initially seemed that many of the plans limited themselves to simply constructing a building without any deep reflection on the theme of the origin of urban, cultural and social developments. Moreover most of the contestants had failed to elaborate upon the connection with the 400-year relation between New York and Amsterdam. Only a small number of entries explicitly addressed the current significance of an Open Fort at the programmatic and spatial level. A large number of entries deviated from the urban planning frameworks that had been set, such as the ban on building on the green bank and the maximum construction height of 30 metres. In addition, the jury had the impression that many of the contestants were not familiar with the specific conditions of the location. Many of them were hardly aware of the conditions such as water, wind and orientation. Only a few plans gave a defining wieght to the history of and recent developments on the banks of the IJ, such as the rise of the creative industry and the need to give space to subcultures. Hardly any connections were made to the NDSM terrain or to other new developments in North Amsterdam. The images of urban waterfronts seemed generic rather than specifically focused on the situation in Amsterdam. The multidisciplinary approach that the jury had hoped to discover was almost totally absent; in only very few plans were the interrelationships between the landscape, architecture and other disciplines convincingly made visible. Despite all this, further examination showed that some of the entries did offer exciting points of departure for thinking about the possibilities for building a catalyst for new urban developments in North

de recente ontwikkelingen rond de IJ-oevers, zoals de opkomst van de cre-atieve industrie en de ruimte voor subcultuur, in maar weinig plannen een bepalende rol te spelen. Connecties naar het NDSM-terrein of andere nieuwe ontwikkelingen in Noord werden niet of nauwelijks gelegd. De beelden van stedelijke waterfronts leken vrij generiek en niet specifiek gericht te zijn op de Amsterdamse situatie. De multidisciplinariteit van de inzendingen waar de jury op gehoopt had, leek vrijwel afwezig; er waren maar weinig plannen die een overtuigende wisselwerking tussen landschap, architectuur en an-dere disciplines lieten zien. Niettemin bleek een deel van de inzendingen bij nadere beschouwing boeiende aanknopingspunten te bieden om verder na te denken over mogelijkheden voor een gebouwde katalysator voor nieuwe ste-delijke ontwikkelingen op Amsterdam-Noord. Enkele plannen voorzagen in intrigerende beelden die inderdaad als baken langs de Amsterdamse IJ-oever zouden kunnen staan. Overwegingen op het gebied van landschap, publieke ruimte en programmatische invulling van het gewenste dynamische publieke domein boden aanleiding tot verdere discussie over de plannen. In een geza-menlijke ronde bespraken de juryleden stuk voor stuk alle inzendingen. Een aantal thema's maakte deel uit van meerdere voorstellen. Elk van deze thema's toonde zowel de kansen die in het gebied Buiksloterham liggen als mogelijke zwakke plekken, waarvoor de inzenders een oplossing aandroegen.

### FORT

Naar het fort uit de opgave werd door enkele inzenders op een inhoude-lijke manier verwezen: wat betekent een hedendaags fort voor de inwo-ners van een stad? Beschermt het, biedt het een houvast of een identiteit? Wat wordt gedaan met de paradox van het 'open' fort? Hoe kan een fort tegelijkertijd publiek zijn, een nieuwe publieke functie geven aan de stad? Hoe verhoudt een fort anno 2009 op de IJ-oever zich tot een fort van 400 jaar geleden aan de rivier de Hudson? Enkele inzenders kwamen met een nieuw stedelijk programma dat betekenis had voor de inwoners van Amsterdam maar tevens een rol speelde op wereldniveau; andere plannen verwezen expliciet naar een programma op het gebied van vorm, of ver-taalden de opgave voor het fort in een stedelijk ensemble met een bescher-mend karakter.

### ICOON

Een groot aantal inzenders zette in op de beeldwaarde van het gebouw: een opvallend herkenbaar icoon dat vanaf de overzijde van het IJ zichtbaar

Amsterdam. Some plans contained intriguing images that could indeed stand as beacons along the bank of the IJ. Considerations in the fields of landscape, public space and a programmatic content that would give rise to the desired dynamic public domain offered leads to further discussions about the plans. In a collective round, the jury members examined every entry. Some themes were noticeable, each of which addressed the opportunities that the Buiksloterham offered as well as possible weak points that the contestant had tried to address.

### FORT

A few of the contestants referred to the concept of a fort in a substantive manner: What is the significance of a fort for today's city dwellers? Does it protect, does it offer something to hold on to, or an identity? What could be done with the paradox of an Open Fort? How could a fort be public and give a new public function to the city? How does a fort on the banks of the IJ in 2009 stand in relation to a fort on the Hudson 400 years ago? Some contestants looked for a new urban program that had both a local and a global significance; others explicitly pointed to the form, or translated the idea of a fort into an urban ensemble with a protective character.

### ICON

A large number of contestants emphasized the significance of the image of the building: noticeably recognizable and visible from the opposite bank of the IJ. The jury valued this approach, given the location and the assignment to create a fort that lent identity to the city. Some entries suggested a powerful building on the waterfront with distinctive gables or animal metaphors and others tried to express historical references in their images.

### LANDSCAPE

It was remarkable that the location's landscape conditions were addressed in only a few of the entries. The plans that did reflect these themes caught the attention of the jury; for example, those in which the programme was placed in a transformation of the existing landscape. In some plans, water flowed further into the area. Some plans viewed the IJ as an incentive to work with pontoons or platforms that could be designed in relation to the landscape.

zou zijn. Gezien de locatie en de opgave een fort te creëren dat op een bepaalde manier identiteit verleent aan de stad, kon de jury deze benadering
wel waarderen. Sommige inzenders maakten een krachtig gebaar aan het
water, met opvallende gevels of dierlijke metaforen; andere trachtten met
hun beeld historische referenties te geven.

### LANDSCHAP

Opvallend was dat de landschappelijke condities van de locatie in maar
weinig plannen een bepalende rol speelden. De voorstellen die wél in-
speelden op deze thema's trokken dan ook de aandacht van de jury, zoals
die waarin het programma in of onder een transformatie van het bestaande landschap werd geplaatst. Ook werd bij sommige plannen het water
verder het gebied in gelaten. Enkele plannen zagen in het IJ aanleiding
te werken met pontons of platforms, die vervolgens op landschappelijke
wijze zouden moeten worden ingevuld.

### PROGRAMMA

In de prijsvraagopgave was het programma van het Open Fort bewust
ongedefinieerd gelaten. Er was duidelijk gesteld dat het fort een mix van
wonen en andere functies zou moeten huisvesten. Daarbij was de nadruk
gelegd op de culturele ambities van Amsterdam-Noord en op het oogmerk
een publiek domein te realiseren. Enkele inzendingen hadden voorstellen
gedaan voor een programma dat de voor de hand liggende combinatie
van wonen en werken oversteeg. Sommige plannen speelden daarbij in
op actuele discussies, zoals het momenteel populaire thema van voedsel
in de stad. Andere plannen speelden juist in op de culturele ambities van
Amsterdam-Noord met expositieruimten, kunstencentra of educatieve
functies op het gebied van cultuur. Ook het idee van gemeenschappelijk-
heid werd door een aantal inzenders expliciet benoemd. Enkelen richtten
zich op het verweven van publieke, private en gemeenschappelijke functies, of zagen flexibiliteit als belangrijke voorwaarde om een variëteit aan
bewoners en gebruikers aan te trekken. Ook duurzaamheid werd door een
aantal inzenders als programmatisch uitgangspunt genomen.

### HAVEN

Bijzonder specifiek aan de opgave voor een Open Fort aan het IJ is uiter-
aard de karakteristieke locatie op een plek waar jarenlang de bedrijvigheid en grootschaligheid van de Amsterdamse havens heersten. Met het

### PROGRAM

The program of the Open Fort was consciously left undefined in the contest assignment. It was made clear that the fort would have to accommodate a mixture of living areas and other functions. In addition, emphasis was placed on the cultural ambitions of North Amsterdam and on the objective of creating a public domain. Some entries suggested a programme that went beyond the obvious combination of living and working. Some plans addressed themselves looked to current discussions, such as the now popular theme of food in the city. Other plans looked to the cultural ambitions of North Amsterdam by offering exhibition areas, art centres or educational functions in the cultural sector. And the idea of community was explicitly mentioned by a number of participants. Some plans focused on weaving together public, private and community functions, while others saw flexibility as an important condition for attracting a variety of residents and users. A number of participants based their programmes on the concept of sustainability.

### HARBOUR

What is specific to the idea of an Open Fort on the IJ is, of course, the characteristic location at a place that for years had been dominated by the large-scale activities of the Amsterdam harbours. As most of the industrial functions gradually disappeared from the area, the question was whether or not the accompanying rough and robust atmosphere vanish with them. Perhaps it is precisely that atmosphere that attracts new cultural initiatives, that creates room for subcultures and allows informality. Some of the plans tried to capture this harbour atmosphere in the Open Fort by, for example, referring to the scale and material aspects of the harbours. Other designs used associations with the old berths, whereas others explored the informal atmosphere characteristic of the northern banks of the IJ.

### THE NOMINEES

Fifteen plans were selected from the first round. Although the jury found that these plans had either deviated too much from the assignment or were not sufficiently elaborated, they nevertheless felt that these plans deserved special attention because of their conceptualisation or themes. These plans were further discussed by the jury and were placed in the exhibit that followed the contest. Nine plans were chosen for the final round from which the jury would

langzamerhand verdwijnen van de meeste industriële functies aan het IJ is het de vraag of de ruige, robuuste sfeer die ermee gepaard ging ook verdwijnt. Wellicht is het juist die atmosfeer die uitnodigt tot nieuwe culturele initiatieven, die ruimte geeft aan subculturen, die informaliteit toelaat. Enkele inzendingen trachtten iets van deze havensfeer terug te laten komen in het Open Fort, bijvoorbeeld door gebruik te maken van referenties naar de schaal en materialiteit van de haven. Sommige ontwerpen riepen associaties op met de oude scheepshellingen, in andere werd eerder gezocht naar de informele sfeer karakteristiek voor de Noordelijke IJ-oevers.

### DE GENOMINEERDEN

Vanuit de eerste ronde werden vijftien plannen geselecteerd die de jury weliswaar te zeer van de opgave afwijkend vond of onvoldoende uitgewerkt, maar die in hun beeldvorming of thematiek wel de moeite waard zijn om extra onder de aandacht te brengen. Deze plannen werden nader door de jury besproken en kregen een plek in de tentoonstelling die na afloop van de prijsvraag werd gemaakt. Negen plannen gingen door naar de laatste juryronde, en daaruit werden uiteindelijk vijf winnaars gekozen. Eerst kregen de juryleden de tijd om ieder voor zich de plannen nauwkeurig te bestuderen en de bijbehorende motivaties te lezen. Vervolgens werd elk plan door de gehele jury gezamenlijk besproken. Na stemming viel de keuze op vier plannen, en na een goede discussie voegde de jury een vijfde inzending toe aan het lijstje van plannen die genomineerd zijn om deel te nemen aan het besloten deel van de Open Fort 400-prijsvraag: New York 5, Fort x, Hall 400, Buiksloterham Unzipped en Open Frame.

Deze vijf ontwerpen boden zeer verschillende antwoorden op de opgave voor een hedendaags Open Fort aan de oever van het IJ in Amsterdam. De voorstellen waren aansprekend, intrigerend en ambitieus, en boden kansen voor Amsterdam-Noord, en de Buiksloterham in het bijzonder, als nieuw stedelijk domein.

Voor het volledige juryverslag van ronde een en twee van de prijsvraag, ga naar www.openfort400.nl

NOOT 1 Jury bij de tweede ronde werd aangevuld door Ole Bouman, Maarten van Poelgeest en Roel Steenbeek (op de plek van Thijs Asselbergs).

choose five winners. The members of the jury were given time to examine each of these plans closely and to read the accompanying motivations. Then each plan was discussed by the entire jury. After a vote had been taken, four plans were selected and, following further deliberation, a fifth plan was added to the list of those nominated to take part in the closed part of the Open Fort 400 contest. They were New York 5, Fort X, Hall 400, Buiksloterham Unzipped and Open Frame.

These five designs offered highly diverse answers to the assignment of design-ing a modern Open Fort on the banks of the IJ in Amsterdam. The plans are attractive, intriguing and ambitious and presented opportunities for North Amsterdam, particularly the Buiksloterham, to become a new urban domain.

For the full juryreport of both round one and two of the competition, please visit www.openfort400.nl

NOTE 1   The jury for the second round remained the same and was supplemented by Ole Bouman, Maarten van Poelgeest and Roel Steenbeek (in the place of Thijs Asselbergs).

# AMSTERDAM-NOORD:
# DROOM VAN DE MAAKBARE SAMENLEVING
*Merijn Oudenampsen*

Wie zich over het IJ begeeft – al is het maar via het werpen van een blik – kan het niet ontgaan dat in Amsterdam-Noord een verstrekkende transformatie aan de gang is. In het gebied werd lange tijd alles ondergebracht wat men in Amsterdam niet wilde hebben, te beginnen met het middeleeuwse galgenveld tot later de woonwagenkampen, de vervuilende chemische en scheepsbouwindustrie en het overschot aan minder bedeelde bevolkingsgroepen. Amsterdam-Noord kampt als gevolg daarvan al langere tijd met een stigma vergelijkbaar met dat van Zuid in Rotterdam. Tegenwoordig lijkt het eindelijk een meer geaccepteerd onderdeel van de stad Amsterdam te worden, maar deze nieuw opgevatte interesse lijkt meer van toepassing op het ondergewaardeerde onroerend goed in het gebied – dat op dit moment op energieke wijze herontwikkeld wordt – dan op de oorspronkelijke bewoners van Noord zelf. Onderdeel van deze vergaande transformatie is Open Fort 400, dat zich richt op het puntje van de Buiksloterham aan de Noordelijke IJ-oever. Voor deze ideeënprijsvraag wordt een vergelijking getrokken met het Fort Amsterdam in New York, dat in de zeventiende eeuw de Nederlandse kolonisatie van het omliggende gebied met kanonnenvuur verdedigde.[1] De vraag dringt zich op wat men eigenlijk met een dergelijke vergelijking wil zeggen. Zien de opdrachtgevers NAi, Ymere en de gemeente Amsterdam het fort soms als een vergelijkbare vooruitgeschoven post, een middel ter kolonisatie van Noord door 'pioniers' van de overkant van het IJ? En wat betekent dit voor de huidige bewoners van Noord? Juist de bevolking van Noord vormde lange tijd een van de favoriete objecten van overheidszorg. De geschiedenis van Noord kan samengevat gezien worden als een krachtig symbool van de sociaaldemocratische droom het arbeidersvolk te verheffen en te beschaven naar de normen en maatstaven van de middenklasse. Een interessant symbool van deze droom ligt op een steenworp afstand van het gebied waarover de prijsvraag Open Fort 400 zich heeft ontfermd. Daar stond al een fort. Het was een pentagonaal, ommuurd heropvoedingskamp met de naam Asterdorp. Over het contrast tussen de intenties van het nieuwe en het oude fort gaat dit essay.

Vandaag de dag, met de strategische verschuiving van zware industrie naar creatieve industrie die plaatsvindt op de IJ-oevers, zijn we getuige van een

# AMSTERDAM NORTH:
# DREAM OF A SOCIALLY ENGINEERED SOCIETY
## *Merijn Oudenampsen*

Whoever ventures across the IJ– if only just by glancing in that direction – cannot fail to notice the major transformation that is currently going on in North Amsterdam. For a long time the area was home to much that the city of Amsterdam did not want, from medieval gallows field to squatter caravan sites, polluting chemical and shipbuilding industries and a glut of disadvantaged people. North Amsterdam has long borne a stigma comparable to that of South Rotterdam. It now seems the area is finally gaining acceptance as a proper part of Amsterdam, but apparently this new-found interest applies to its undervalued real estate – currently undergoing a redevelopment boom – rather than the people who already live there.

Asterdorp 1934

One element of this sweeping transformation is Open Fort 400, on the tip of Buiksloterham on the northern banks of the IJ. An architecture drawing inspiration from historic stronghold Fort Amsterdam at the tip of seventeenth-century Manhattan, which was built to defend the Dutch colony. The link with the present competition is stated in the programme itself.[1] This raises the question of what the comparison is really meant to convey. Do the partners involved in the competition – Netherlands Architecture Institute (NAI), Ymere and the City of Amsterdam – perhaps see the fort as a similar outpost, a means by which pioneers from across the IJ can colonize North Amsterdam? And what does this mean for the current residents?

For a long time the population of North Amsterdam represented something of a pet project for social services. The area's history can be seen as a powerful

veelomvattende beleidsverandering. Het aloude sociaaldemocratische beschavingsoffensief dat zich richtte op de lokale bevolking heeft plaatsgemaakt voor een vernieuwingsoffensief dat een nieuwe middenklasse wil importeren in plaats van de bestaande bevolking verheffen. We zijn getuige van een verandering in bestuurlijke strategie, van de sociale maakbaarheid waarvoor Asterdorp symbool stond naar de ruimtelijke maakbaarheid waar het nieuwe fort aan de Grasweg deel van uitmaakt.

SOCIALE MAAKBAARHEID

In zijn boek *Discipline and Punish* (1975) schrijft de Franse filosoof Michel Foucault dat het idee van sociale maakbaarheid ruim opgang vond in de negentiende eeuw, toen men allerhande beheerstechnieken begon te ontwikkelen in een poging de roerige arbeidersbevolking in toom te houden. Dit heeft een dubbel karakter: aan de ene kant was er het idee van emancipatie en verheffing, aan de andere kant het element van beheersing, van discipline en controle. Sociale maakbaarheid staat gelijk aan wat we in het Engels onder *social engineering* verstaan: de grootschalige gedragsmatige beïnvloeding van het volk. Het idee dat de mens – net als het Nederlands landschap – maakbaar is, dat een nieuwe mens geproduceerd kan worden uit bestaand, disfunctioneel materiaal.

Asterdorp children 1934 /
Asterdorp-kinderen 1934

Amsterdam-Noord was vanaf begin twintigste eeuw een van de proeftuinen van de sociale maakbaarheid in Nederland. Ik zal mij in deze tekst richten op een extreme uiting van dit beschavingsoffensief, het sociale heropvoedingskamp Asterdorp, waarover later meer.

Met de opkomst van de sociaaldemocratische beweging aan het begin van de twintigste eeuw werd in Nederlandse steden een uitgebreide administratieve machine opgezet met als doel de arbeidersklasse te verheffen en te beschaven. Aan de ene kant nam dit de vorm aan van nieuwe sociale regelgeving en

symbol of the social-democratic dream of edifying and civilizing the working classes in accordance with middle-class values. An interesting symbol of this dream can be found a stone's throw from the area covered by the Open Fort 400 competition. There was another fort here once: a pentagonal, walled re-education camp called Asterdorp. The contrasting intentions behind the new and the old fort are the subject of this essay.

Today, with the strategic shift from heavy industry to the creative industries on the banks of the IJ, we are witnessing a comprehensive change in policy. The old social-democratic civilizing offensive that targeted the local population has made way for a regeneration offensive that seeks to import a new middle class rather than edify the existing population. We are seeing a change in administrative strategy from the social engineering symbolized by Asterdorp to the spatial engineering that includes the new fort on Grasweg.

### SOCIAL ENGINEERING

In his book *Discipline and Punish* (1975), the French philosopher Michel Foucault argues that the idea of social engineering enjoyed great momentum in the nineteenth century, when all manner of techniques were developed aimed at controlling the unruly working classes. There are two sides to this coin: on one side it involved the idea of emancipation and edification, on the other the element of control, of discipline and surveillance. Social engineering can be defined as large-scale behavioural manipulation. It is the idea that man – like the Dutch landscape – can be moulded, that a new person can be fabricated from existing, dysfunctional material.

From the early twentieth century North Amsterdam was one of the testbeds of social engineering in the Netherlands. One extreme example of this civilizing offensive was the social re-education camp called Asterdorp.

The emergence of the social-democratic movement with the new century was accompanied in the Dutch cities by the development of an elaborate administrative machinery, set up with a view to edify and civilize the working classes. This was done through new social policy and legislation alongside the civilizing strategy that was considered a fit matter for civil society. The comprehensive programme centred on the teaching of qualities associated with the middle classes, such as a sense of duty, self-control, frugality and the development of a work ethic. The general consensus among social democrats was that by providing assistance, such as housing or welfare payments, they could impose a new morality, under threat of a termination of that support (Dercksen & Verplanke, 1987).

beleid, aan de andere kant was het zogenoemde beschavingsoffensief een zaak van het maatschappelijk middenveld. Centraal in dit uitgebreide programma stond het onderwijzen van eigenschappen die met de middenklasse werden geassocieerd, zoals plichtsbesef, zelfremming, spaarzaamheid en de ontwikkeling van het arbeidsethos. De overheersende opinie onder sociaaldemocraten was dat door het verlenen van bijstand, zoals huisvesting of een uitkering, een nieuwe moraal kon worden opgelegd, onder dreiging van het terugtrekken van de verleende steun (Dercksen & Verplanke, 1987).

Begin twintigste eeuw vormden groeiende zorgen over hygiëne en stedelijke epidemieën de aanleiding voor het saneringsbeleid in de verkrotte arme volkswijken zoals de Jordaan, Uilenburg of de Oostelijke Eilanden. Tegelijkertijd met de krotopruiming werd een uitgebreid programma van publieke volkshuisvesting opgezet, waarvan Amsterdam-Noord nog steeds een levensgrote catalogus is. Naast de sociale idealen die achter het programma staken, had het ook een expliciet economisch doel, namelijk het creëren van een gewillig, goedkoop en efficiënt arbeidspotentieel. In zijn dissertatie *Over arbeidswoningen* uit 1870 stelt D.O. Engelen dan ook: 'Men begint in te zien dat de arbeider evenals de machine een goed onderkomen behoeft, wil hij veel produceren' (Ottens, 1975: 4). Ook de eerste woningcorporaties hebben een vergelijkbare motivatie: 'De huizen moeten alleen verhuurd worden aan nette mensen. Er moet streng toezicht gehouden worden op de regelmatige betaling van de huur. Zwakheid hierin zal leiden tot luiheid, en het doel van behoorlijke huisvesting is het bevorderen van het arbeidsethos' (geciteerd in Ottens, 1975: 5). Problemen dienden zich al snel aan met de ex-krotbewoners van wie velen toch niet de 'nette mensen' waren die men voor ogen had. Bewoners die hun huur niet konden betalen, die hun huizen niet behoorlijk onderhielden of overlast veroorzaakten, moesten per direct hun nieuwe huis verlaten. Om verdere incidenten te voorkomen werd een uitgebreide administratie opgezet om nieuwe huurders voor publieke huisvesting te screenen. Woningopzichters begonnen met het inspecteren van de huizen van de gezinnen die een aanvraag indienden voor sociale huisvesting. Elk detail van hun huishouden werd gecontroleerd, tot aan het beddengoed toe, en er werd uitgebreide informatie over de gedragingen van het gezin aangevraagd bij werkgevers, huisbazen, de politie, school, et cetera. Tussen 1926 en 1938 werden er 56.692 van deze rapporten opgesteld (gezien de gemiddelde grootte van het gezin uit die tijd een wezenlijk onderdeel van de Amsterdamse bevolking). Uit dit aantal werden 1292 gezinnen 'onmaatschappelijk' en 'ontoelaatbaar' verklaard, met andere woorden: ongeschikt voor sociale huisvesting (Dijk & Steinmetz, 1983).

In the early twentieth century, increasing concerns over hygiene and urban epidemics prompted the clean-up of working-class districts in Amsterdam such as the Jordaan, Uilenburg and the Oostelijke Eilanden (Eastern Islands). The slum clearance coincided with the launch of an extensive public housing programme, which epitomizes North Amsterdam to this day. But alongside its social ideals, the programme had an overt economic purpose: the creation of a low-paid, docile, and efficient workforce. In his 1870 treatise *Over arbeidswoningen* [On Labourers' Cottages] D.O. Engelen argued: 'People are starting to realize that the labourer, like the machine, needs decent accommodation if he is to be productive' (Ottens, 1975: 4). The first housing associations were driven by a similar motivation: 'the houses must be let only to decent people. The regular payment of rent must be strictly monitored. Any lenience therein will lead to idleness, and the aim of decent housing is the promotion of the work ethic' (quoted in Ottens, 1975: 5). Problems soon arose as many of the former slum dwellers turned out not to be the decent people envisioned by planners. Residents who were unable to pay the rent, who did not take proper care of their houses or who caused trouble were promptly evicted. To prevent any further incidents a meticulous administration system for screening new social housing tenants was set up. Superintendents began to inspect the homes of families that submitted a social housing application. Each and every aspect of their households was scrutinized, down to the bedding, while employers, landlords, police, school, etc. were asked to supply detailed information on the family's conduct. Between 1926 and 1938 a total of 56,692 such reports were drawn up (given the average family size at the time a substantial part of Amsterdam's population). Among these, 1,292 families were declared antisocial and undesirable and therefore unsuitable for social housing (Dijk & Steinmetz, 1983).

A solution for these undesirables was found in the re-education camps, two of which were erected in Amsterdam: Zeeburgerdorp, which opened its doors in 1926, and Asterdorp, which opened in 1927. The camps were deliberately built in remote corners of the city, to isolate residents from the rest of the urban population. Arie Keppler, a prominent social-democrat, director of the Housing Authority and coordinator of the housing programme, took charge of these projects himself. His commitment was such that he paid frequent visits to Asterdorp to entertain the children with a magic lantern. In his view, Asterdorp revolved around discipline: 'In such a complex discipline must be paramount; discipline imposed by the capable and diplomatic action of the lady superintendent and which, as a result of a change in the way of being and

Een oplossing voor de 'ontoelaatbaren' werd gevonden in de heropvoedings-
kampen, waarvan er in Amsterdam twee werden gebouwd: Zeeburgerdorp,
dat in 1926 zijn deuren opende, en Asterdorp, dat in 1927 openging. De kampen werden doelbewust gebouwd in geïsoleerde uithoeken van de stad, om
de bewoners een aparte status te geven ten opzichte van de rest van de stadsbevolking. Arie Keppler, een belangrijk sociaaldemocraat, directeur van de
Woningdienst en regievoerder over het huisvestingsprogramma, nam per-
soonlijk de leiding over deze projecten. Zijn betrokkenheid ging zover dat hij
Asterdorp regelmatig bezocht met een toverlantaarn om de kinderen te ver-
maken. Volgens hem draaide Asterdorp om 'tucht': 'In zoo'n complex moet in
de eerste plaats tucht heerschen, een tucht die van buitenaf opgelegd door het
bekwaam en tactische optreden der opzichteres, langzamerhand moet overgaan in een innerlijke tucht, als gevolg van de verandering in wezen en denken
van de haar toevertrouwden' (geciteerd in Dercksen & Verplanke, 1987: 44).
Asterdorp bestond uit 132 huizen, gebouwd in een vijfhoek en omgeven door
een muur van twee meter twintig hoog. Het terrein was alleen toegankelijk
via de poort, die open was maar werd bewaakt door de opzichteres. Zij kwam
elke week de huur innen, wat tevens de aanleiding was voor een huisinspectie:
ze controleerde de klerenkast en het beddengoed, de wc, of de kinderen wel
doorvoed waren en naar school gingen, of kinderen vanaf een zekere leeftijd
wel in aparte bedden sliepen, enzovoort. Deze gegevens verwerkte ze in een
rapport en ze gaf huishoudelijk advies. Daarnaast hield zij bij of mensen hun
wekelijkse bad namen en of de vrouwen hun was wel deden. Zij maande de
bewoners ook aan om niet buiten rond te hangen en te praten met buren, wat
als niet behoorlijk werd gezien voor het moderne gezinsleven. Zo was er nog
een hele waslijst aan gedragsvoorschriften die door het 'bekwaam en tactisch
optreden van de opzichteres' verinnerlijkt moesten worden door de bewoners.
Als deze 'verinnerlijking' op een gegeven moment naar tevredenheid had
plaatsgevonden, kon een familie doorstromen naar een normale woning in
het sociale huisvestingssysteem. Maar uiteindelijk werden er maar heel weinig
mensen opnieuw geaccepteerd in de sociale voorraad. Hoewel de meeste bewoners verwachtten maar een halfjaar te zullen blijven, woonden vele gezinnen jarenlang in Asterdorp, sommige wel tien jaar. Degenen die er de kracht
voor hadden, besloten weg te gaan en de 'heropvoeding' te laten voor wat die
was. In 1940, bij het uitbreken van de Tweede Wereldoorlog, verloor het insti-
tuut zijn functie. Tijdens en na de oorlog vervulde het nog wat tijdelijke op-
vangfuncties, maar uiteindelijk werd het gesloopt. Alleen de toegangspoort is
overgebleven.

thinking of those entrusted to her care, should evolve into inner discipline' (quoted in Dercksen & Verplanke, 1987: 44).

There were 132 houses enclosed in Asterdorp which together formed a pentagon surrounded by a wall more than two metres high. The premises could be entered by only one gate, open, but watched over by the superintendent. She came to collect the rent every week and routinely carried out a house inspection: she checked the wardrobe and the bedding, the lavatory, whether the children were well-nourished and attending school, whether children over a certain age slept in separate beds, etc. She compiled a report and issued domestic advice. She kept an eye on whether people bathed once a week and whether the women did their laundry. She urged the residents not to loiter outside or to talk to neighbours, since this was seen as conduct unbefitting modern family life. These and a long list of other rules of conduct enforced by the 'capable and diplomatic action of the lady superintendent' had to be internalized by the residents. Once this internalization had been satisfactorily achieved a family could move on to a regular house in the social housing system. But very few people actually returned to the social housing

NDSM Wharf West: Amsterdam Waterfront /
NDSM-Werf west: Amsterdam Waterfront

fold. Although most residents expected to stay only six months, many families spent years in Asterdorp, some as long as ten years. Those who had the strength of mind to do so decided to shun their re-education and move away. With the German occupation of the Netherlands in 1940 the institute lost its function. During and after the war it continued to provide some temporary relief, but it was eventually demolished. Only the entrance gate remains.

All this makes Asterdorp an exceptionally interesting symbol of social engineering, the dream of a social body that can be shaped at will by governments and civil society. Although Asterdorp failed to assimilate the abnormal into society it is an extreme case that sheds light on behavioural norms that were less

Asterdorp is daarmee een ongekend interessant symbool van sociale maakbaarheid, de droom van een sociaal lichaam dat vrij vorm te geven is door overheden en maatschappelijk middenveld. Hoewel Asterdorp gefaald heeft in het assimileren van het abnormale in de maatschappij, is het een extreem dat ons veel verteld over de gedragsnormen die minder zichtbaar en expliciet waren in de rest van de maatschappij, maar niet minder dwingend. Vergelijkbare vormen van toezicht – zoals de figuur van de opzichteres – waren immers ook te vinden in normale sociale huurwoningen. De rol van de opzichteres – werk dat veelal op vrijwillige basis werd gedaan door vrouwen uit de gegoede stand – werd na de oorlog geprofessionaliseerd tot het welzijnswerk van de sociaal werker. In de jaren tachtig stortten allerlei analyses (Achterhuis, 1980; Michielse, 1989; Meyer e.a., 1980) van het sociaal werk geïnspireerd op Michel Foucault en zijn vroegere student Jacques Donzelot (1977) het welzijnswerk in een diepe legitimiteitscrisis waarvan het nog altijd niet bekomen is.

### RUIMTELIJKE MAAKBAARHEID

De koloniale metafoor van de Open Fort 400-prijsvraag is op zich niet verrassend. De geograaf Neil Smith schreef al in zijn boek *The New Urban Frontier* (1996) dat kolonisatiethematiek een onlosmakelijk onderdeel vormde van de *upgrading* en *gentrification* van de New Yorkse Lower East Side in de jaren tachtig. De *frontier* is de magische kolonisatiegrens van het Amerikaanse Wilde Westen. Drommen kolonisten en fortuinzoekers vertrokken naar het westen om er het 'lege' land te 'ontdekken', het eigendom van de grond te claimen – ongeacht de eventuele aanwezigheid van indianen – en er hun kapitaal te maken, of dat juist te verliezen. De Nederlandse variant hiervan is Balkenendes beroep op de voc-mentaliteit, die volgens de premier ontdekkingsdrang, ondernemerschap en creativiteit behelst.

We zouden daar geen al te groot punt van hoeven maken, ware het niet dat net zoals in New York de kolonisatieromantiek onderdeel vormt van een nieuw begrip van maakbaarheid: ruimtelijke maakbaarheid. Terwijl sociale maakbaarheid de verheffing van de bevolking als uitgangspunt neemt, bekommert ruimtelijke maakbaarheid zich om de (her)ontdekking en verheffing van een locatie. Het is een omkering van doel en middelen ten opzichte van de sociale maakbaarheid: toen werd locatie gebruikt om de bevolking te verheffen, tegenwoordig worden er nieuwe bewoners geïmporteerd om de locatie te verheffen. Zoals gezegd was het sociale maakbaarheidsdenken niet alleen een idealistisch program, maar had het ook een economische functie in het creëren van een functioneel arbeidspotentieel. In Amsterdam-Noord klopte het model

evident and explicit but no less dominant elsewhere in society. Forms of supervision comparable to that of the lady superintendent could also be found in regular social rental accommodation. The role of the superintendent – work that was often done on a voluntary basis by upper-middle-class women – developed into the welfare work of the professional social worker after the war. In the 1980s a plethora of analyses of social work (Hans Achterhuis, 1980; Michielse, 1989; Meyer *et al.*, 1980) inspired by Michel Foucault and his former student Jacques Donzelot plunged the field into a deep crisis of legitimacy from which it has yet to recover.

SPATIAL ENGINEERING

The colonial metaphor of the Open Fort 400 competition is not in itself surprising. In his book *The New Urban Frontier* (1996) geographer Neil Smith wrote that the theme of colonization was inextricably bound up with the *upgrading* and *gentrification* of New York's Lower East Side in the 1980s. The *frontier* is the magical limit of colonization of the American Wild West. Colonists and adventurers travelled west in droves to discover the empty country, lay a claim to the land – regardless of the presence of native Americans – and to make, or lose, their fortunes. The Dutch variation on this theme is Prime Minister Balkenende's invocation of the spirit of the Dutch East India Company, which in his view represents exploration, entrepreneurship and creativity.

NDSM Wharf East: MediaWharf /
NDSM-Werf oost: Mediawerf

We could choose to ignore this, were it not that as in New York the romance of colonization forms part of a new field of social engineering: spatial engineering. Whereas social engineering starts from the edification of the people, spatial engineering is concerned with the rediscovery and improvement of a location. It signifies an inversion of the ends and means of social engineering: in the past,

in zoverre dat het subject en het electoraat van de sociaaldemocraten werden gevormd door de arbeidersklasse; de verschillende welvaartsvoorzieningen – sociale huisvesting, uitkeringen – verlaagden de levenskosten en daarmee de prijs van arbeid, wat de industrie weer een concurrentievoordeel verschafte; terwijl ten slotte de industriepolitiek de zware industrie nog verder strategisch ondersteunde. Met de economische crisis aan het einde van de jaren zeventig begon dit geïntegreerde model ernstige scheuren te vertonen. In de jaren tachtig ging de scheepsbouw grotendeels failliet. De RSV-affaire, een vergeefse poging van de overheid om de noodlijdende scheepsbouw – waaronder de NDSM-werf – te ondersteunen, was ook het failliet van het idee dat de overheid in plaats van de markt Amsterdam-Noord kon vormgeven.

Aerial photo of Buiksloterham with empty Mosveld in the middle, Asterdorp, July 1948 / **Luchtfoto van de Buiksloterham met in het midden een kaal Mosveld, Asterdorp**

In Amsterdam was het met de benoeming van Ed van Thijn, in 1983, dat er een nieuwe, marktgerichte wind ging waaien. Een marketingcampagne werd gestart met de slogan 'Amsterdam heeft 't', waarbij een lachend grachtenpandje de letter A voorstelde. De wissels werden omgezet. Het doelwit van beleid verschoof langzamerhand van bevolking naar locatie, in dit geval het merk Amsterdam. Een voorbeeld hiervan was een rapport over de huizenmarkt in 2002 van de Kamer van Koophandel, waarin werd gesteld dat Amsterdam, om als locatie concurrerend te blijven, een hoger opgeleide bevolking nodig had en lager opgeleiden zoveel mogelijk de stad moest zien uit te werken. Het rapport werd door *Het Parool* samengevat als 'armen eruit, rijken erin'. De gemeente kwam in 2004 met een rapport dat dezelfde boodschap in meer bedekte termen bracht, *Ruimte voor Talent*. De nota pleitte voor meer ruimte voor creatief talent in de stad. 'Sociaal maatschappelijke problemen', aldus de nota, 'bestrijd je het best met economische mogelijkheden.' Op zich is dat niet wereldschokkend, de crux zit in de vraag voor *wie* deze economische

location was used to improve the population, these days new residents are imported to improve the location.

Social engineering's idealistic agenda served an economic purpose in the creation of an efficient labour market. In North Amsterdam, the model worked insofar as both the targets and the electorate of the social democrats were working class; the various welfare provisions – social housing, welfare payments – lowered the cost of living and hence also the cost of labour, which in turn made industry more competitive; industrial policy meanwhile provided further strategic support for the heavy industries. During the economic crisis of the late 1970s the integrated model began to show signs of serious fatigue. In the 1980s much of the shipbuilding industry collapsed. The RSV affair, a failed bid by the government to support the ailing shipbuilding industry – including the NDSM shipyard – signalled the end of the idea that the government rather than the market could shape North Amsterdam.

The appointment in 1983 of Ed van Thijn as Mayor of Amsterdam marked the start of a fresh, market-oriented approach. A marketing campaign was launched featuring the slogan *Amsterdam heeft 't* (Amsterdam's got it), with a smiling canal-side house representing the letter A. It was a change of tack. Policy targets gradually shifted from population to location, in this case the freshly branded Amsterdam. One example is a 2002 report on the housing market by the Chamber of Commerce, which argued that in order to retain its competitive edge as a location Amsterdam needed a better-educated population and should, where possible, rid the city of the less well-educated. Newspaper *Het Parool* summarized the report as 'out with the poor, in with the rich'. In 2004 the city council published a report, *Ruimte voor Talent* (Room for Talent), that couched the same message in more guarded terms. The policy document argued for more scope for creative talent in the city. 'Social problems', so the policy document stated, 'are best solved by economic opportunities.' Although not earth-shattering in itself, the key question here is *who* gets to benefit from these economic opportunities. The best way of guaranteeing employment, prosperity and well-being, according to the policy document, is to facilitate 'growth in promising sectors' and the 'personal development of the people who underpin these sectors'. This will eventually cause a trickle-down effect to other sectors.

The IJ bank plans – including the Open Fort 400 competition, which does not originate in those plans but merely coincide with them – are in my view, an expression of this new strategy. The developments at Overhoeks, Buiksloterham and the NDSM site are chiefly aimed at attracting creative pioneers, which in itself is no bad thing. However, the emphasis on the creative industries signals

mogelijkheden zijn. Volgens de nota worden werkgelegenheid, welvaart en welzijn het best gegarandeerd door 'groei te faciliteren in kansrijke sectoren' en de 'persoonlijke bloei van de mensen die deze sectoren schragen'. Uiteindelijk zal dit leiden tot een *trickle down*-effect naar andere sectoren.

De IJ-oeverplannen – en dus de Open Fort 400-prijsvraag, want die prijsvraag komt niet voort uit die plannen, dat is toeval – vormen mijns inziens een expressie van deze nieuwe strategie. De ontwikkelingen in Overhoeks, de Buiksloterham en het NDSM-terrein richten zich in de eerste plaats op het lokken van creatieve 'pioniers', wat op zichzelf geen negatief gegeven is. Maar met de focus op de creatieve industrie zet zich een nieuwe industriepolitiek in, die er primair op gericht is woon-werkgelegenheid te creëren voor het hoger opgeleide en kapitaalkrachtige deel van de stadsbevolking. Voor Noorderlingen zijn de negenduizend woningen die in het Noordelijke IJ-oevergebied gerealiseerd worden grotendeels onbetaalbaar. Hoewel het doel van de plannen dus officieel is om Noord naar het IJ te brengen, ziet het er eerder naar uit dat grote buur Amsterdam-Centrum de Noordelijke IJ-oever koloniseert. Langs de hele IJ-oever ontstaan zo woon-werkgebieden die een hoge mate van segregatie vertonen ten opzichte van Noord zelf. Zoals de *Woonvisie* (2009) van Stadsdeel Amsterdam-Noord het eufemistisch uitdrukt: 'De verbinding tussen oude, vertrouwde wijken en nieuwe buurten zorgt voor een zeldzaam wooncontrast.' Huist de ziel van Noord in het industriële erfgoed – onlangs nog omschreef stadsdeelvoorzitter Rob Post de NDSM-werf als 'de ziel van Noord' – dan is het inderdaad een plan voor Noord. Huist de ziel van Noord in de Noorderlingen – wat alleen al om het feit dat het hier om levende wezens gaat aannemelijker is – dan is het tegenovergestelde het geval.

Het probleem van de ruimtelijke maakbaarheid, het idee dat je problemen kunt uitplaatsen en mogelijkheden kunt aantrekken, staat inmiddels al langer bekend als het waterbedeffect. Problemen duiken elders weer op. Als de bestaande sociale structuur in een wijk daarbij ook nog eens wordt beschadigd door grootschalige ruimtelijke veranderingen, vererger je problemen in plaats van ze op te lossen. Het enige alternatief lijkt te zijn om in het reine te komen met de geschiedenis van sociale maakbaarheid en de bevolking weer als uitgangspunt te nemen van het beleid. Uiteindelijk zou Open Fort in dat geval niet als voorpost dienen ter kolonisatie van Noord, of als katalysator van de yuppificatie van Noord. Het zou een synthese bieden tussen de geest van het oude en het nieuwe Noord, met creativiteit als bindend element van een nieuwe, creatieve vorm van sociale maakbaarheid – ditmaal hopelijk zonder nare, disciplinaire bijsmaken.

the beginning of a new industrial policy, which prioritizes the creation of jobs and homes for the better-educated and affluent segment of the city's population. For most Northerners the nine thousand homes currently being built in the northern IJ bank area are unaffordable. So while the plans' official aim is to bring North Amsterdam closer to the IJ, it would be more accurate to say that big neighbour Central Amsterdam is colonizing the northern IJ bank. Popping up along the entire IJ bank are combined residential/commercial districts, which exhibit a considerable degree of segregation from North Amsterdam itself. As the Vision on Housing Policy, 2009, drawn up by North Amsterdam District Council puts it euphemistically: 'The combination of old, familiar neighbourhoods and new quarters creates an unusual contrast in living.' If the soul of North Amsterdam resides in its industrial heritage – district chairman Rob Post recently described the NDSM shipyard as 'the North's soul' – then it really is a plan for North Amsterdam. But if the North's soul resides in the Northerners then the opposite is true.

The problem of spatial engineering, the idea that you can relocate problems and attract opportunities, has been known for some time as the waterbed effect: problems tend to resurface elsewhere. And if, on top of that, the existing social structure of a neighbourhood is destabilized by large-scale spatial transformations, those problems are aggravated rather than solved.

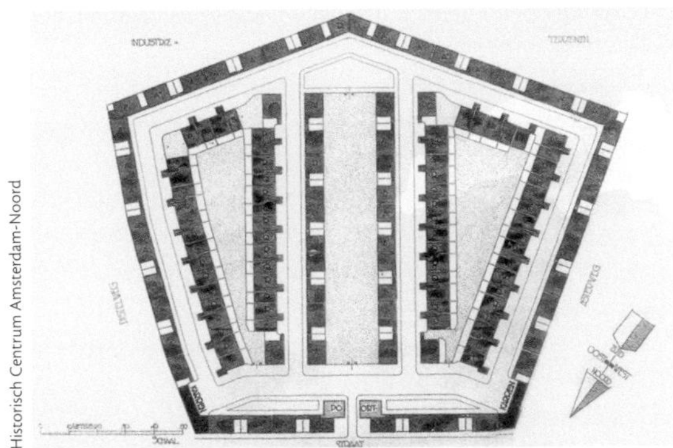

Map of Asterdorp designed by architect JH. Mulder in 1925 /
**Plattegrond van Asterdorp ontworpen door
architect J.H. Mulder in 1925**

Coming to terms with the history of social engineering and reinstating the population as the basis for policy appears to constitute the only viable alternative. In this case, the Open Fort will serve neither as an outpost for North Amsterdam's colonization nor as a catalyst for its yuppification. Instead it will offer a synthesis of the spirits of the old and new North, with creativity

*Merijn Oudenampsen (1979, Amsterdam) is free lance onderzoeker. Hij is verbonden aan de Jan van Eijck Academie in Maastricht, waar hij onderzoek doet naar populisme in het kader van het project Design Negation.*

NOOT 1   'Net als in 1609 in de Nieuwe Wereld is er in 2009 opnieuw behoefte aan een fort dat de ontwikkeling van een gemeenschap mogelijk maakt. Zo'n fort is nu in Amsterdam Noord gepland: geen gesloten bastion, maar een open uitvalsbasis en broedplaats voor het creëren van kennis en internationale relaties.' (Open Fort 400-prijsvraag opgave)

### LITERATUUR

— Hans Achterhuis, *De markt van welzijn en geluk*. Amsterdam: Ambo, 1980.
— Adrianne Dercksen & Loes Verplanke, *Geschiedenis van de onmaatschappelijkheidsbestrijding in Nederland 1914-1970*. Amsterdam: Boom, 1987.
— Antje Dijk & Stephen Steinmetz, *Asterdorp*. Amsterdam: Uitgeverij Monstrans, 1983.
— Jacques Donzelot, *The Policing of Families*. New York: Random House, 1977.
— Michel Foucault, *Discipline and Punish. The Birth of the Prison*. New York: Random House, 1975.
— Han Meyer, Richard Kouprie & Jan Roelf Sikkens, *De beheerste stad. Ontstaan en intenties van een sociaal-demokratische stadspolitiek: een kritiek*. Rotterdam: Futile, 1980.
— Han Michielse, *Welzijn & discipline. Van tuchthuis tot psychotherapie: strategieën en technologieën in het sociaal verkeer*. Amsterdam: Boom, 1989.
— Egbert Ottens, *Ik moet naar een kleinere woning omzien, want mijn gezin wordt te groot. 125 jaar sociale woningbouw in Amsterdam*. Amsterdam: Gemeentelijke Dienst Volkshuisvesting, 1975.
— Gemeente Amsterdam, *Amsterdam Ruimte voor Talent*. Amsterdam, 2004.
— Frank Smit, *Arie Keppler: woninghervormer in hart en nieren*. Bussum: Thoth, 2001.
— Neil Smith, *The New Urban Frontier. Gentrification and the Revanchist City*. Londen: Routledge, 1996.
— Stadsdeel Amsterdam-Noord, *Woonvisie. Wonen in Noord 2010 en verder*. Amsterdam: Gemeente Amsterdam, 2009
— Stadsdeel Amsterdam-Noord, *Noord Aan het IJ. Masterplan Noordelijke IJ-oever*. Amsterdam, 2003.

as the cement of a new, creative form of social engineering – hopefully without a nasty, disciplinary aftertaste this time.

*Merijn Oudenampsen (1979, Amsterdam) is a freelance researcher. He is currently doing a research project at the Jan van Eijck Academie in Maastricht, investigating populism as part of the project Design Negation.*

NOTE 1    'In 2009 there is again a need for a fort that facilitates the development of a society. Such a fort is now planned for North Amsterdam: not a closed bastion but an open operating base and seedbed for the creation of knowledge and international relations.' (Open Fort 400 competition)

## LITERATURE


— Hans Achterhuis, *De markt van welzijn en geluk*. Amsterdam: Ambo, 1980. [The market of health and happiness]
— Adrianne Dercksen & Loes Verplanke, *Geschiedenis van de onmaatschappelijkheidsbestrijding in Nederland 1914-1970*. Amsterdam: Boom, 1987. [History of the fight against anti-sociability in the Netherlands 1914-1970]
— Antje Dijk & Stephen Steinmetz, *Asterdorp*. Amsterdam: Uitgeverij Monstrans, 1983.
— Jacques Donzelot, *The Policing of Families*. New York: Random House, 1977.
— Michel Foucault, *Discipline and Punish. The Birth of the Prison*. New York: Random House, 1975.
— Han Meyer, Richard Kouprie & Jan Roelf Sikkens, *De beheerste stad. Ontstaan en intenties van een sociaal-demokratische stadspolitiek: een kritiek*. Rotterdam: Futile, 1980. [The Controlled City. The birth and intentions of a social-democratic urban politics: a critique]
— Han Michielse, *Welzijn & discipline. Van tuchthuis tot psychotherapie: strategieën en technologieën in het sociaal verkeer*. Amsterdam: Boom, 1989. [Welfare and Discipline. From house of correction to psychotherapy: strategies and technologies in social interaction]
— Egbert Ottens, *Ik moet naar een kleinere woning omzien, want mijn gezin wordt te groot. 125 jaar sociale woningbouw in Amsterdam*. Amsterdam: Gemeentelijke Dienst Volkshuisvesting, 1975. [I Must Find a Smaller House, because My Family is Getting Too Big. 125 years of social housing in Amsterdam]
— Gemeente Amsterdam, *Amsterdam Ruimte voor Talent*. Amsterdam, 2004. [Amsterdam City Council, Amsterdam Room for Talent]
— Frank Smit, *Arie Keppler: woninghervormer in hart en nieren*. Bussum: Thoth, 2001. [Arie Keppler: a true housing reformer]
— Neil Smith, The New Urban Frontier. Gentrification and the Revanchist City. London: Routledge, 1996.
— Stadsdeel Amsterdam-Noord, *Woonvisie. Wonen in Noord 2010 en verder*. Amsterdam: Gemeente Amsterdam, 2009 [North Amsterdam District Council, Vision on Housing Policy 2010 and Beyond]
— Stadsdeel Amsterdam-Noord, *Noord Aan het IJ. Masterplan Noordelijke IJ-oever*. Amsterdam, 2003. [North Amsterdam District Council, North of the IJ. Masterplan Northern IJ Bank]

# DE NIEUWE WATERKANT
*Kate Orff*

De waterkant – de erfenis van industrialisatie en maritieme handel – is gewoonlijk de meest omstreden zone van de stad. Deze 'kant', eens een kwetsbare wal die versterking behoefde, daarna een plaats die handel en scheepvaart mogelijk maakte, kenmerkt zich tegenwoordig in steden over de hele wereld door een matrix van complexe beperkende regelgeving. Die wordt versterkt door de klimaatverandering en getijdenveranderingen en door eisen ten aanzien van exploitabele woonontwikkeling en toegankelijkheid. In de afgelopen decennia heeft een grootschalige verschuiving van vroegere fabrieksterreinen naar recreatieterreinen plaatsgevonden. Een verschuiving die, vooral in het licht van de voortdurende economische en culturele veranderingen, een kortzichtige reactie lijkt op de wereldwijde krediet-, vastgoed- en klimaatcrises.

In plaats van een nieuwe uniformiteit op te leggen *aan* de waterkant van een postindustrieel landschap, ten behoeve van uitsluitend wonen en vrije tijd, moeten we ons juist afvragen wat we kunnen leren *van* de waterkant als het gaat om de economie en ecologie van de toekomst. Welke nieuwe relaties tussen afval, energie, nieuwe communale woonvormen, mariene biodiversiteit en pre-industriële woon-werkwijzen zullen een echt productieve zone genereren? De basis van New York als een plaats waar mensen zich vestigden en waar een haven kon ontstaan, met de rijke bronnen van Jamaica Bay (waar New Yorks rivieren uitmonden in de Atlantische oceaan), het aan de oppervlakte gekomen vaste gesteente onder Manhattan en de navigeerbare rivier de Hudson. Deze natuurlijke geografische kwaliteiten zijn bewerkt en gemanipuleerd om de wereldstad te creëren die New York nu is.

De 578 mijl lange waterkant van New York bestaat uit lagen geschiedenis: de afvalhopen van de Lenape-indianen, daarop de militaire voorposten, daarop overblijfselen van vroegere kades langs recent aangelegde parken en speelplaatsen. De geschiedenis van de stad kan worden gelezen aan de hand van de overgebleven fragmenten ervan die samen verhalen van de opkomst van New York als metropool. Ze tonen de zee- en luchtvaartgeschiedenis, de militaire geschiedenis, de recreatiegeschiedenis, alsook de immigratie- en industrialisatiegeschiedenis van de v . De militaire geschiedenis en economische verhalen zijn nauw verweven met elkaar. Er werden forten zoals Fort Amsterdam gebouwd om de haven tegen indringers te beschermen en vervolgens werden er vuurtorens gebouwd op verzoek van de handelaren van

# THE NEW WATERFRONT
### *Kate Orff*

The waterfront, a legacy of industrialization and maritime commerce, is typically the city's most contested zone. Once a vulnerable shore in need of fortification, then a conduit for trade and shipping, in today's global cities it is characterized by a matrix of complex regulatory restraints heightened by the realities of global climate change, the ebbing and flowing of tides and demands for profitable residential development and access. In the last several decades this wholesale shift from former factory sites to leisure grounds seems shortsighted, especially in light of the ongoing transformation of economies and cultures in response to global financial, real estate and climate crises.

Rather than imposing a new uniform regime *on* the waterfront of a post-industrial landscape, exclusively for living and leisure, we might ask what we can learn *from* the waterfront that can find useful application in the economies and ecologies of the future? What are the new relationships between waste, energy, new communal-residence typologies, marine biodiversity and pre-industrial live-work modes that will generate a truly productive zone?

With the rich resources of Jamaica Bay (where New York's rivers meet the Atlantic), the bedrock outcroppings of Manhattan and the navigable Hudson River, has been a foundation for the rise of New York as a place of human settlement and a global port. These natural geographic assets have been reworked and manipulated to create the global city New York is today.

New York's 578 mile waterfront is comprised of layers of history from Lenape Indian middens to military outposts, with the remnants of former piers alongside freshly planted parks and playgrounds. A history of the city can be read

New York City die zich wilden verzekeren van een veilige doortocht van hun goederen naar de haven. Vervolgens groeide de industrie langs de randen van Manhattan en werden aan de monding van de verder stroomafwaarts gelegen haven bij de Atlantische oceaan Fort Hancock en Fort Tilden gebouwd om de effectiviteit van het defensiesysteem te verbeteren. De opening van het Erie Canal op 26 oktober 1825 en de mechanisatie van de scheepvaart door de uitvinding van de stoomboot maakten dat New York City rond 1900 een van 's werelds grootste internationale havens was geworden.

Met de uitvinding van de auto vervingen vrachtwagens de boten en schepen

als voornaamste goederenvervoer. In 1930 was het aantal geregistreerde motorvoertuigen in de vs tot meer dan 26 miljoen gestegen. De waterkant werd gemoderniseerd en de randen ervan (onder andere de Belt Parkway, de Henry Hudson Parkway en de FDR Drive) vormden met de aanleg van grote regionale snelwegen en rijwegen de voornaamste verkeersader.

Dit mengsel van oude forten, legerbases, vuurtorens, luchthavens, vuilstortplaatsen, snelwegen en lawaaiige kades – nu veranderd in vermaakcentra – vormt samen met zowel een *wetland* ecosysteem en semiverontreinigde micromilieus als luxe koopflats en goed onderhouden parken, de rijkelijk diverse, maar gefragmenteerde postindustriële waterkant van nu. Voor de *waterfronts* van Manhattan en Brooklyn ging een uitgebreide wetgeving gelden. Deze werd in 1993 aangenomen en onlangs aangepast om de waterkanten voor het publiek toegankelijker te maken. Ooit gefortificeerd, vervolgens omringd met de tentakels van haventerreinen, daarna veranderd van dokken in parken: zo is de RO-wetgeving bijna geheel verschoven van 'paars' (d.i. productie/industrieel) naar 'groen en geel' (parken en woontorens). Nieuwe ontwikkelingen zijn doorgaans in lagen opgesplitst met een versterkte beschoeiing, aanplanting, decoratief plaveisel en koopflats. Tegelijkertijd ziet de stad zich geconfronteerd met de dreiging van de zeespiegelstijging (4 meter? 7 meter?

in the fragments that remain and which provide an architectural record of New York's rise as a global center, enabling us to trace the navigational, military, aviation and recreation history of the United States as well as its history of immigration and industrialization. Here, military history and economic stories are firmly intertwined: forts such as Fort Amsterdam were built to protect the harbor from attack and lighthouses were constructed at the request of the merchants of New York City to ensure the safe passage of their goods into port. The mercantile class and early governments could grow and prosper only because of the network of forts and lighthouses built to secure the harbor. Industry subsequently expanded along the shores of Manhattan, and Forts Hancock and Tilden were built at the mouth of the lower harbor on the Atlantic Ocean to raise the effectiveness of the defense system. The opening of the Erie Canal in 1825 and the mechanization of shipping and ferry services by the introduction of steamboats guaranteed the city's prominence. By the 1900s New York City had become one of the world's major international ports.

Trucks eventually replaced barges and boats as the primary means of moving goods. By 1930 motor vehicle registrations in the U.S. passed 26 million[1]. Robert Moses became the Commissioner of the New York City Parks Department in 1934, bringing visions of road-based infrastructure and top-down attitudes. With the modernization of the waterfront its shorelines (the Belt Parkway, The Henry Hudson Parkway and FDR Drive) became the primary regional highways and roadways.

A patchwork of old forts, Army bases, lighthouses, airfields, landfills, highways, bustling piers now given over to liesure alongside a compromised wetland ecosystem, polluted micro-environments, luxury condominiums and well maintained parks together form the richly diverse, if fragmented post-industrial waterfront of today. The waterfronts of Manhattan and Brooklyn were the subject of comprehensive re-zoning laws adopted in 1993 and were recently updated to improve public access. Once fortified, then ringed by dockland fencing, then converted into parks, the zones into which the city falls have shifted almost across the board from purple (for manufacturing/industrial) to green and yellow (parks and residential towers.) New developments are typically layered with a fortified bulkhead, planting, decorative paving and residential condominiums. At the same time, the city is facing the threat of a rising sea-level (4 meters? 7 meters? 20 years? 200 years?). The city's solid sewage is primarily exported via truck or rail and its streams of treated wastewater pour into the harbor. Energy consumption is growing at 1-2% a year. Surely a

20 jaar? 200 jaar?) en staat ze voor de uitdaging haar enorme hoeveelheid afval aan te pakken, die nog eens wordt verergerd door een energieconsumptie die jaarlijks met 1-2 procent groeit. Er zou toch een meer effectieve, hybride versie van de huidige afval-, energie- en watertechnologieën van de grond moeten kunnen komen in combinatie met nieuw recreatief en residentieel gebruik en ecologische verplichtingen? New York City heeft de laatste tien jaar een complete *rebranding* ondergaan van rookspuwende geïndustrialiseerde metropool naar een van de groenste en veiligste steden in de wereld. Zware industrie aan de waterkant is grotendeels verplaatst naar elders in de wereld en vervangen door de FIRE (Finance, Insurance, Real Estate)-economie. Deze 'diensten' hebben hun basis vooral in Midtown en Lower Manhattan en lieten in de tussenliggende decennia aan de stadsranden een 'conceptuele leegte' en een desolaat landschap achter. Tegelijkertijd werd de aanblik van straten en parken systematisch vernieuwd als onderdeel van de strategie die de burgermeesters Giuliani en Bloomberg voor het beheer van de stad in gedachten hadden – terwijl de bevolkingsdichtheid en het beroemde openbaarvervoersysteem voornamelijk intact bleven.

Ook de FIRE-economie zelf bevindt zich in een overgangsfase. De luxe huizen die werden gebouwd ten behoeve van de mensen die er werken en de grootschalige transformatie van de randen zullen binnenkort worden vervangen door een meer kleinschalige en gemengde benadering – waar compacte woonwerkzones en brede stroken met beplanting om stormgolven op te vangen worden afgewisseld met afvaloverslagstations en kleinschalige verwerkingsinstallaties voor afvalwater. De Open Fort 400-prijsvraag kan enig licht doen schijnen op de manier waarop architecten een rol kunnen spelen in de visualisatie van deze nieuw werkende waterkant in de toekomst – en zo de eeuwenoude discussie over water en urbanisatie tussen de Nederlanders en hun afvallige vroegere kolonie New York nieuw leven inblazen.

Design voor dit nieuwe tijdsgewricht – waarin we overgaan van de manier waarop water de stad vormgeeft in plaats van andersom – betekent zowel een verschuiving van de focus op *waaraan* we werken als een transformatie van de manier *waarop* we werken. De Open Fort 400-prijsvraag is één voorbeeld van wat een meer coöperatieve, interdisciplinaire poging wordt om het talent van ontwerpers, technici, politici en ontwikkelaars te bundelen. Nu de dreiging van de klimaatverandering niet langer ontkend kan worden, worden buurten, steden en staten wakker en realiseren ze zich wat de implicaties zijn van de manier waarop we de wereld bewonen en ons gedrag rechtstreeks van invloed is op onze omgeving, op het planten-, dieren- en zeeleven. Op dit moment,

better-designed hybrid of current waste, energy and water technologies could begin to co-exist with new recreational and residential uses and ecological imperatives.

In the past ten years New York City has been re-branded from smoke-belching industrialized metropolis to one of the greenest and safest cities in the world. Heavy industry, once primarily located on the waterfront has for the most part moved elsewhere in the world to be replaced by the FIRE (Finance, Insurance, Real Estate) economy. These service industries, primarily based in Midtown and Lower Manhattan, left a conceptual void and a landscape of neglect at the city's edges for decades. At the same time New York's streetscapes and parks have been systematically upgraded as part of the urban management strategy of Mayors Giuliani and Bloomberg. The city's density and famous public transportation system remain generally intact.

It now seems likely that the FIRE economy itself is in transition and that the luxury housing built to support its workers and the wholesale transformation of the shorelines will quickly be replaced by a more micro-patterned and mixed approach, where dense live/work zones and wide swaths of planted areas meant to absorb storm surges are interspersed with waste transfer stations and small-scale water treatment plants. The Open Fort 400 competition indicates how architects can participate in this visualization of the working waterfront of the future and restart the centuries-old dialogue between the Dutch and its renegade former colony about water and urbanization.

Design for this new era – when the challenge will be to understand how water will shape the city rather than how the city will shape the water - implies both a shift of focus in what we work on and a transformation of how we work. The Open Fort 400 competition is one example of what is becoming a more collaborative, interdisciplinary effort that merges the talent

nu staten proberen financiële en beleidsmodellen te ontwikkelen om de meest
destructieve aspecten van onze $CO_2$-rijke manier van leven tegen te gaan, blijft
de visie van de fysieke transformatie van onze *brave new world* onduidelijk en
zonder consensus. Duidelijk is echter dat onze vroegere benadering van een-
dimensionale opgelegde infrastructurele oplossingen is mislukt. De verbre-
ding van een snelweg lost de file niet op, het bouwen van grotere energiecen-
trales dringt het energieverbruik niet terug. Het barricaderen van rivieroevers
maakt orkanen noch de destructieve krachten van overstromingen minder
hevig.

Onze huidige door het competitiebeeld aangedreven benadering van architectuur en de stimulerende houding ten opzichte van infrastructuur versterken
gedateerde methodologieën die de onderlinge relaties tussen fysieke structuren, hun context en onze acties ontkennen. Deze statische, onafhankelijke,
monofunctionele en zuiver fysieke oplossingen stellen onze steden niet in
staat zich aan te passen aan de consequenties van klimaatverandering, noch

stellen ze pogingen in het werk het gedrag bij de wortel van het probleem aan
te pakken. Het ontwerpen van een dynamische, hybride en flexibele 'zachte'
infrastructuur die onze steden in staat stelt zich aan te passen aan klimaatge-
weld en tegelijkertijd zorgt voor gedragsverandering vormt de centrale, nieuwe uitdaging voor ons als ontwerpers.

De economische crisis bewijst dat de recente ontwerppraktijk onder invloed
van een opgeblazen vastgoedmarkt, verkeerde investeringen en overspan-
nen budgetten niet duurzaam te werk is gegaan. De Open Fort 400-prijsvraag
biedt de gelegenheid om niet alleen de Amsterdamse relatie met water onder
de loep te nemen, maar ook om modellen te ontwerpen voor veerkrachtige
ontwerppraktijken die het publiek op een verantwoordelijke en reactieve manier inschakelen, die rekening houden met prioriteiten van ontwikkelaars, en
die de werkelijkheden van de stad als springplank gebruiken voor innovatie.

of designers, engineers, politicians and developers. As the threat of climate change becomes impossible to ignore, neighbourhoods, cities, and nations are realizing the implications of how our behavior directly affects our environment. Now that nations are struggling to develop financial and policy models to absorb the impact of the most destructive aspects of our carbon-heavy lifestyles, there is no consensus vision of the physical transformation of the world. But it is clear that our traditional seeking of one-dimensional super-infrastructural solutions has failed. Widening a highway doesn't solve congestion, building larger power-plants doesn't reduce energy consumption, barricading a river's edge doesn't reduce the intensity of hurricanes or the destructive forces of flooding.

Our current competition-driven approach to architecture and stimulus-package attitude towards infrastructure cements outdated methodologies that ignore the relationships between physical structures, their contexts and our actions. These static, independent, mono-functional and purely physical

Ben Abelman - Hudson River Park

solutions do not enable our cities to adapt to the consequences of climate change, nor do they attempt to alter the behavior at the root of the problem. Devising a dynamic, hybridized and flexible soft infrastructure that makes our cities adaptive in the face of climate turmoil and one that generates behavioral change is the new central challenge to designers.

The economic crisis is proving that recent design practice has itself operated unsustainably, propped up by inflated real estate markets, unwise investments and bloated budgets.

The Open Fort 400 competition offers a chance to recast Amsterdam's relationship to water and to devise models for resilient design practices that engage the public in a responsive manner, hybridize science and design, incorporate developer priorities and use the realities of the city as a springboard for innovation.

Ontwerpers gaan in het nieuwe tijdperk op zoek naar inspiratie voor het dynamische evenwicht tussen water en zijn gelaagde eigenschappen, en streven ernaar de fysieke randen van de stad zo te herstructureren dat ze uitdagender en interactiever worden, en letterlijk in beweging komen. Terwijl we weten dat de invloed van klimaatverandering het meest intens gevoeld zal worden langs de verzadigde randen van de stad (stormgolven, orkanen en stijgende waterspiegels), voorspellen we ook dat de invloed en oorzaken van klimaatverandering diep ingrijpen in de bestaande wijken, waarbij flora, fauna en weerspatronen zullen veranderen. Langs deze lijnen, van het midden van de baai via de land-waterinterface tot binnen in de stad, waar experimentele soorten infrastructuur in toenemende mate kunnen worden ingebed via een waterberging, rioolwaterberging en een berging op gemeenschaps- en wijkniveau om mensen daar te bereiken waar ze wonen en werken, zou zich een nieuwe visie van een poreuze stad moeten uitstrekken.

*Kate Orff is universitair docent aan Columbia University.*

Designers in the new era will look for inspiration to the dynamic equilibrium of water and aim to restructure the city shores to be more changing, interactive and mobile.

While we know that the impacts of climate change, (storm surges, hurricanes and rising sea levels) will be felt most intensely along the city's saturated edges, we predict that the impacts and causes of climate change will reach deep into the interiors of existing neighbourhoods, changing flora and fauna, as well as weather patterns. A new vision of a porous city could extend from the deep reaches of the bay through the land-water interface into the city's interior, where experimental types of infrastructures can be incrementally embedded.

*Kate Orff is Assistant Professor at the Columbia University Graduate School of Architecture, Planning and Preservation.*

NOTE 1    US Bureau of Public Roads, cited in Peter Rowe,
          Making of A Middle Landscape, p. 1

# HAL 400
### *Merijn Muller en Rosie van der Schans*

### EEN NOG NIET BESTAANDE CONTEXT

De toekomst van het voormalige industriegebied Buiksloterham is onzeker. Het aanzicht van dit deel van de stad zal ongetwijfeld de komende jaren veranderen, maar hoe precies, dat is nog onbekend. Dat geldt ook voor het projectterrein, nu nog een braakliggend stuk land bedekt met woeste vegetatie en in tweeën gedeeld door een weg voor lokaal verkeer. In zekere zin is het enige referentiepunt voor het terrein het door Atelier Thijs Asselbergs (ATA) voorgestelde design. Maar liever dan het voorgestelde volume in te vullen benaderen we het ontwerp als een situatie zoals die werd aangetroffen, waarop we met ons voorstel reageren. Het door ATA voorgestelde gebouw wordt in onze interpretatie een muur die het terrein beschermt tegen het terrein erachter en het een duidelijke flank geeft. Door een gebouw in de muur op te nemen wordt de grote ruimte die nu door ATA is opengelaten, verdeeld in drie kleinere ruimten, die gemakkelijker te bevatten zijn en elk een ander karakter hebben.

### EEN OPEN STRUCTUUR

Voor het terrein stellen we een grote openbare ruimte voor in de vorm van een gebouw. We gebruiken een typologie die bekend is in het gebied: een grote hal met een lessenaarsdak. Hergebruik van dat soort ruimten laat zien dat die een verscheidenheid aan programma's kunnen bevatten die in de loop der tijd kunnen veranderen en ondertussen hun relaxte en no-nonsensekarakter behouden. Voorbeelden hiervan zijn SESC in Sao Paolo door Lina Bo Bardi en de recente bouw van een treinloods in Park Spoor Noord, die onderdak biedt aan een tijdelijk café en een tentoonstellingsruimte. Het lessenaarsdak zorgt voor de paradoxale situatie waarbij een gesloten dak wordt gecombineerd met licht van boven, waardoor het gevoel dat je je in een buitenruimte bevindt, wordt versterkt. De op regelmatige afstand geplaatste zuilen geven de ruimte structuur en een meer menselijke schaal. De permanente structuur maakt een meer tijdelijke invulling mogelijk. Een markt, een café, een tentoonstellingsruimte.

### EEN OMSLOTEN PLEIN

Een muur van huizen, die één kant openlaat naar het water, sluit de hal af. Een kleine ingang biedt toegang vanaf de straatkant. De stevige muren van de huizen contrasteren met de lichtstalen structuur van de hal, en maken er

# HAL 400
### *Merijn Muller and Rosie van der Schans*

#### A CONTEXT YET TO COME

The future of the former industrial area Buiksloterham is uncertain. The project site is at present an empty lot covered with weeds and cut in two by a road for local traffic. The only point of reference for the site is the proposed design by Atelier Thijs Asselbergs (ATA). Rather than filling in the proposed volume we approach the design as a found situation to which we respond with our proposal. In our interpretation the ATA building becomes a wall, separating the site from the area behind and giving it a clear edge. By introducing a building within the wall, the large space now left open by ATA is divided into three smaller spaces each of a different character.

#### AN OPEN STRUCTURE

We propose a large public space in the form of a building of a typology known to the area; a large hall with a shed roof. Re-use of that kind of space shows its capacity to contain a variety of programs that can change over time, while maintaining its relaxed and no nonsense character. Examples are the SESC in Sao Paolo by Lina Bo Bardi and the recent configuration of a train shelter in Park Spoor Noord, housing a temporary café and exhibition space. The shed roof creates the paradoxical situation in which a closed roof and light from above are combined, enhancing the feeling of being in an outdoor space. The regular placement of columns structures the space and gives it a more human scale. The permanent structure makes more temporary infill possible; a market, a café, a space for exhibitions.

#### AN ENCLOSED SQUARE

A wall of housing, leaving one side open towards the water, closes off the hall. A small entrance gives access to the street. The solid walls of the houses contrast with the light steel structure of the hall, turning it into an enclosed square. Integrated within the volume of the hall, each pitched roof corresponds to one house. The saw-tooth roof creates an ambiguous image; an edge of a shed on one hand, a series of terraced houses on the other. The space between the houses and the hall, as a result of the houses following the contour of the street, is filled in with collective gardens to be enjoyed by both the inhabitants whose private gardens open onto them and by visitors to the

een omsloten plein van. Elk glooiend dak is volledig opgenomen in de halcon-structie en correspondeert met één enkel huis. Op die manier laat het zaag-tanddak een dubbelzinnig beeld zien: de hoek van een loods aan de ene kant, een reeks trapsgewijze huizen aan de andere. De ruimte tussen de huizen en de hal, als gevolg van het feit dat de eerste de contour van de straat volgen, is gevuld met gezamenlijke tuinen. Daarvan genieten zowel de bewoners – wier privétuinen erop uitkomen – als de bezoekers van de hal. Aan de noord- en zuidzijde van de hal vormt de constructie twee slanke appartementenblokken. Door qua hoogte aan te sluiten op het plan van ATA aan de ene kant en op de Groene Draeck aan de andere kant vormen deze blokken in verbinding daar-mee coherente ruimten; een driehoekig plein aan de noordzijde, een straat met bomenrijen naar het water aan de andere zijde.

### EEN PLEK OM TE BLIJVEN

Het terrein ligt aan het eind van een route langs het water. Beginnend bij de halte van het veer loopt deze 'overhoeks' verder langs het terrein van het nieuwe talud en langs de kantoren van oliemaatschappij Shell, alvorens over te gaan in een dek dat voorlangs kleine (jacht)havens het water oversteekt. Als een andersoortige kade, aansluitend op een naar vorm groene waterkant en een houten dek, stellen we voor dit terrein een klein en comfortabel strand voor. De enigszins ongepolijste en wilde sfeer die we er nu aantreffen, wordt als zodanig bewaard. Het strand loopt gedeeltelijk door in de hal en wordt een overdekt speelterrein voor kinderen. Een zwembad dat in het water drijft in de vorm van een *Badeschif* maakt het IJ niet alleen een genot om naar te kijken, maar tevens een plek om te blijven en je vrije middag door te brengen.

hall. On the north and south sides of the hall the volume forms two slender apartment blocks corresponding in height to the plan by aTA on one side and to the 'groene draek' on the other, blocks that form coherent spaces in conjunction with them; a triangular square on the north side, a tree-lined street leading to the water on the other.

A PLACE TO STAY

The site is situated at the end of a route that leads along the water from the ferry stop past the new Overhoeks residential area and the offices of the Shell oil company before turning into a deck that crosses the water in front of a small yacht marina. As another type of quay, in the sequence of a formal green waterfront and wooden deck, we propose a small beach for the site, as a place to linger rather than pass by. The somewhat unpolished and wild atmosphere found there at present would be preserved. The beach continues partly into the hall, becoming a covered playground for children. A swimming pool, floating in the water in the form of a 'Badeschif', makes the IJ an enjoyable place to spend a free afternoon.

# HAL 400

### 1E RONDE

De eenvoudige perspectieftekening, een 'open structuur', roept een prettige, informele sfeer op, die inderdaad bij de haven lijkt te passen. Onder een lessenaarsdak bevindt zich een open ruimte, geflankeerd door lage gebouwen en uitkijkend op een strandje en zwembad aan het IJ. In de toelichting spreekt men van een 'situatie zoals die werd aangetroffen'. Het ontwerp maakt gebruik van de open sfeer van de oever en voorziet die gedeeltelijk van een dak. De eenvoud van het plan en de informele sfeer die op het overdekte plein wordt gesuggereerd, spreken tot de verbeelding van de jury. De vertaling van het Open Fort-thema 'bebouwing rond een ruimte waar een nieuwe wereld kan ontstaan' vindt de jury mooi gevonden. De vraag is wel of het voorgestelde licht gedimensioneerde dak bestand is tegen de aanzienlijke windbelasting. De belofte van de sfeervolle schetsen en referenties zal in een eventuele volgende fase op bouwtechnisch en architectonisch niveau nog bewezen moeten worden.

### 2E RONDE

De jury waardeert de aandacht voor tijdelijke programma's als mogelijke katalysator voor stedelijke en culturele ontwikkelingen. De open hal zou een prettige omgeving aan het IJ kunnen bieden waar dergelijke programma's kunnen gedijen. Helaas is deze potentie van het plan niet goed uit de verf gekomen. De architectonische uitwerking van de omringende blokken is mager en geeft te weinig blijk van de mogelijke relaties tussen het overdekte plein, de omsluitende ring bouwblokken en de rest van de locatie.

Programmatisch lijkt het plan te zwak om de gevraagde katalysatorfunctie te vervullen. Bij de door de ontwerpers genoemde referentieprojecten, zoals een project van Lina Bo Bardi, zijn er al zeer sterke publieke functies aanwezig, die mede het succes van het gebouw bepalen. Of alleen de woon- en werkfuncties in het permanente deel van het voorstel voldoende activiteit genereren om nieuwe, tijdelijke programma's te trekken, wordt betwijfeld.

# HAL 400



The proposal's simple perspective drawing presents an open structure that evokes an agreeable, informal atmosphere and which seems to match the harbour. Beneath a shed roof is an open space, flanked by low buildings and looking out on a beach and swimming pool beside the river. The explanatory remarks on the plan refer to an as-found situation. The design makes use of the open atmosphere of the riverbank and covers part of it with a roof. Low rows of houses are placed on either side of the resulting covered square, a public space that can accommodate temporary programs. The simplicity of the plan and the informal atmosphere suggested by the roofed square appeal to the jury, which is impressed by the bright idea of interpreting the Open Fort theme as a series of buildings around an open space where a new world can arise. There are however doubts as to whether the proposed light dimensions of the roof can stand up to the considerable force of the wind. The promise of the evocative sketches and references will have to be demonstrated in a possible successive stage at the level of building construction and architecture.



The jury appreciated the attention to temporary programmes as a possible catalyst for urban and cultural development. The open hall could provide pleasant surroundings along the IJ where programmes such as these might thrive. Unfortunately, this potential of the plan has not come properly to the foreground. The structural detailing of the surrounding blocks is scant and offers little idea of the possible relations between the indoor court, the enclosed ring of building blocks, and the rest of the location.

In a programmatic sense, the plan appears too feaeble to be able to adhere to the required catalytic function. In the reference projects named by the designers, such as a project by Lina Bo Bardi, substantial public functions are inherent and to some degree essential to the success of the structure. It is doubtful whether the residential and commercial functions within the

Er ontbreekt een visie over het gebruik en beheer van de open hal, omdat sommige functies wel, en andere waarschijnlijk niet gewenst zijn.

Ook op het vlak van de openbare ruimte ziet de jury problemen, hoewel de robuuste invulling van de kade en het strand aan het plein worden gewaardeerd. De compositie sluit de zichtlijn vanaf de Grasweg naar het IJ af, en er ontstaan veel onduidelijke rest-ruimten op het terrein. Het plan, dat in potentie een fantastische publieke ruimte voor Amsterdam-Noord kon bieden, heeft helaas in de uitwerking aan kracht verloren.

permanent section of the plan can single-handedly generate enough activity to attract new temporary programmes. A vision for the utilisation and management of the open hall is lacking; some of the proposed usages are desirable and others probably not.

The jury envisages problems with the public space, although the robust interpretation of the quayside and the beach on the square met with appreciation. The composition blocks the line of view from the Grasweg to the IJ, and many unspecified residual spaces are left on the site. The plan, which has the potential to provide North Amsterdam with fantastic public space, has unfortunately surrendered some of its vigour in the structural detailing.

Panoramamodel

Panorama model

Waterfront

Fra trappe

Waterfront

Hall 2 / **Hal 2**

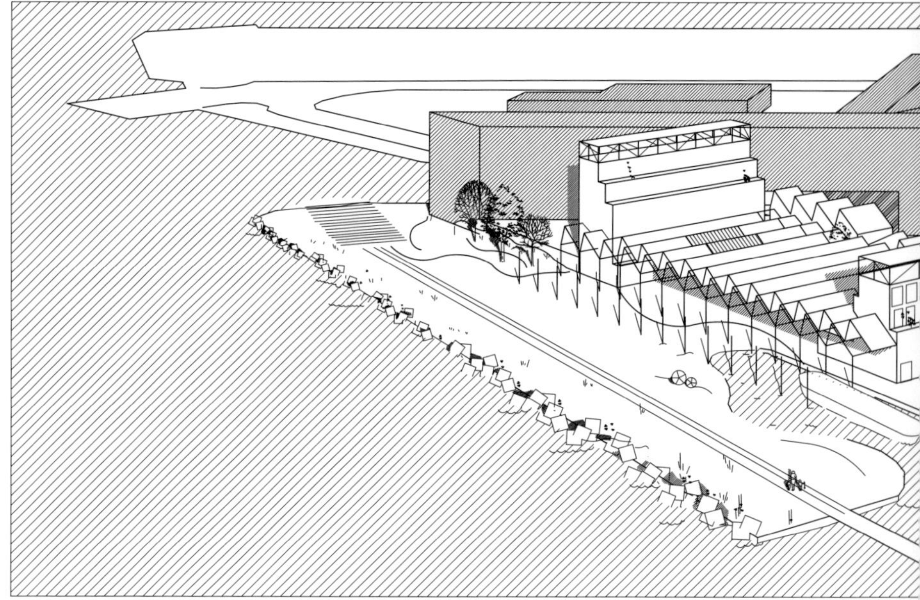

Perspectief 01

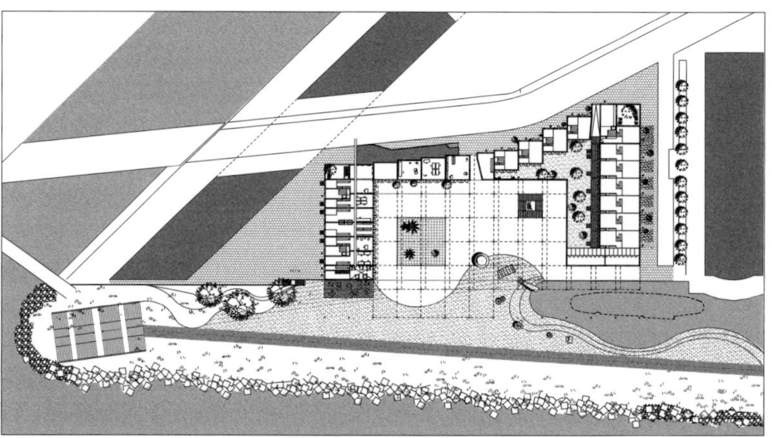

Final plan / **Plan final**

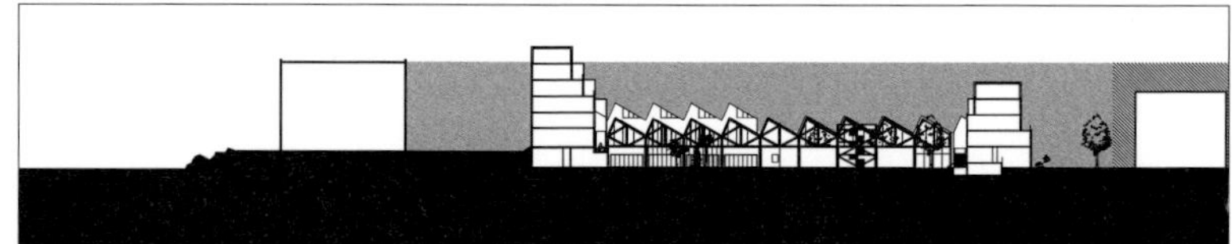

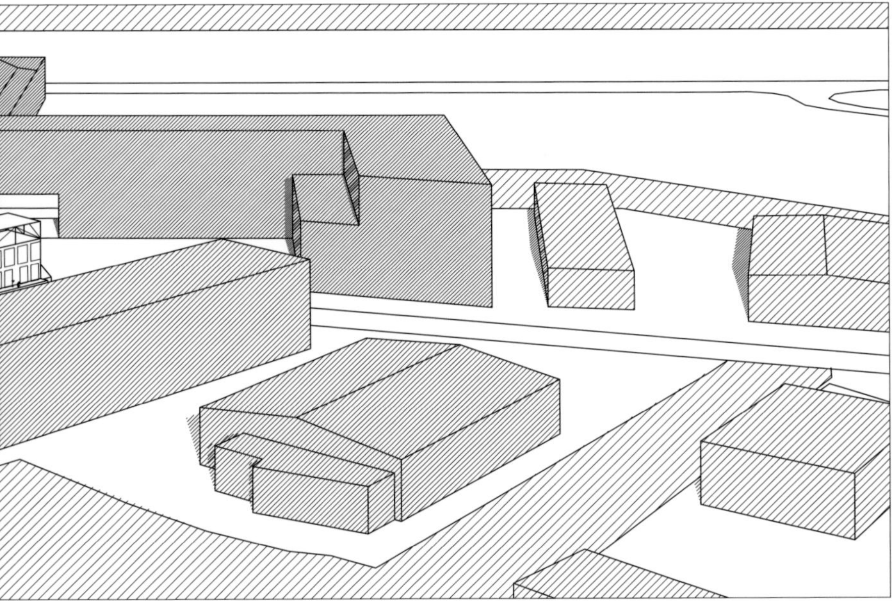

Perspective 01

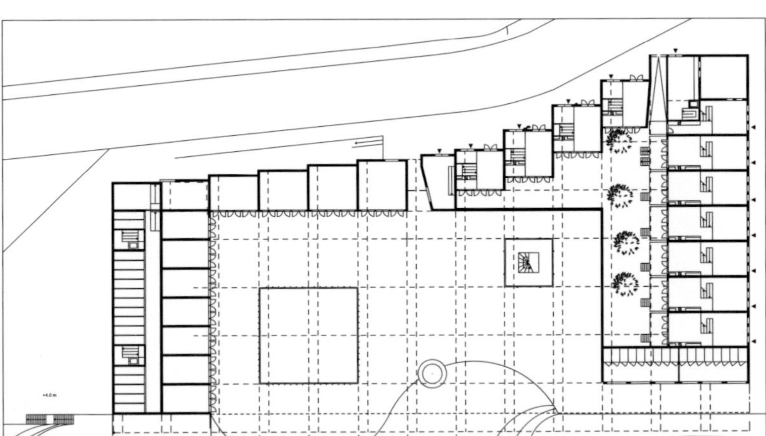

Ground floor 1:1000 / BG 1:1000

Tall building / hoog gebouw

# BUIKSLOTERHAM UNZIPPED
### *Groep Noord*

### UNZIPPEN WAT ER AL IS

Leven en werken zijn in Amsterdam-Noord altijd al met elkaar verbonden geweest. De Buiksloterham brengt het op een nog hoger plan. Het wordt een gebied voor ondernemers en pioniers; mensen die hun eigen kansen willen creëren, in hun beroep en in hun privéleven. In feite voor mensen voor wie er sowieso al weinig onderscheid is tussen die twee. Het draait allemaal om het stellen van je eigen doelen, in welke levensfase dan ook. Het gaat erom dat je kunt kiezen op welke manier je tijd wilt doorbrengen met je gezin, je vrienden, de manier waarop je je geld verdient of jezelf ontwikkelt. Kortom: de manier waarop je probeert te leven.

Buiksloterham Unzipped is geen vaststaand plan. Het is een strategie die dit transitionele aspect van de Buiksloterham bij de horens pakt en het maximaal ontzipt. Door meer aandacht te schenken aan het publieke initiatief wil Buiksloterham Unzipped een kleurrijk en levendig gebied in het leven roepen. Een wijk waar bezoekers van de Buiksloterham kunnen genieten en inwoners hun doelstellingen kunnen realiseren op hun werk en thuis: in hun leven.

### DE PROJECTSTRATEGIE

Het belangrijkste gereedschap dat in deze strategie wordt gehanteerd, is (collectief) particulier opdrachtgeverschap: een ontwikkelsysteem waarbij gebruikers zelf en niet projectontwikkelaars initiatieven ontplooien. Individuen of een collectief van individuen die werk en woonruimte willen ontwikkelen, kunnen een stuk grond kopen. Doordat de grootte van de stukken grond varieert, zullen er verschillende functies tot stand komen. Een gebouwenvelop zet aan tot een hoog percentage compacte multifunctionele ruimte op de begane grond, met drempels op hogere niveaus. Het maakt compactheid mogelijk door het maximumvolume van de ontwikkelingen aan banden te leggen en daardoor te zorgen voor genoeg licht en lucht op de begane grond. De ruimte rond het stuk grond blijft voor publiek toegankelijk en leidt ertoe dat de functie binnen de gebouwen zich uitbreidt naar de openlucht. Er komt een patroontaal van kleinschalige openbare ruimten, tot leven gebracht door verschillende functies.

# BUIKSLOTERHAM UNZIPPED
### *Groep Noord*

### UNZIPPING WHAT IS ALREADY THERE

Living and working have always been connected in the North of Amsterdam; Buiksloterham takes that concept to the next level. It is becoming an area for entrepreneurs and pioneers, people who want to create their own opportunities professionally and privately; people for whom there is little distinction between professional and private life to begin with. It's all about setting your own goals in every aspect of life and being able to choose the way you spend time with family or friends, the way you earn your money or develop your skills and capacities in the way you seek to live.

Buiksloterham Unzipped is not a fixed plan. It is a strategy that wants to unzip the transitional nature of Buiksloterham to the maximum. By intensifying public input, Buiksloterham Unzipped aims to create a colourful and lively area where residents can realize their goals in work and home life.

### THE PROJECT STRATEGY

The most important tool used in this strategy is collective private patronage: a developing system that relies on the public initiative of the users themselves instead of project developers. Individuals, or a collective of individuals, who want to develop work and residential space, can buy various sizes of plots to pursue their various functions. A building envelope encourages a high percentage of dense multi-functional space on the ground floor with dwellings on higher levels. It enables high density by regulating the maximum volume of the developments, thereby ensuring enough light and air on the ground floor. The surrounding space on the plot stays publicly accessible and creates an open air extension of the function inside the buildings. A pattern of small-scale public spaces activated by various functions will result.

### INSERTING THE PROJECT STRATEGY

The planned surrounding buildings transforms the proposed xs development into an xl open framework. Together they form a unity. The individual plots are aligned perpendicular to the IJ along the historic polder lines ensuring viewing axis right through the new development despite its high density. All plots are approachable from a road along the borders of the new

### DE PROJECTSTRATEGIE IMPLEMENTEREN

De geplande gebouwen eromheen vangen de voorgestelde xs-ontwikkeling als een open omlijsting met xl-afmetingen. Samen vormen ze een eenheid. De afzonderlijke stukken grond liggen loodrecht op het IJ en strekken zich uit langs de historische polderlijnen. Dat zorgt voor kijkassen die, ondanks de hoge dichtheid, recht door de nieuwe ontwikkeling lopen. Alle stukken grond zijn toegankelijk vanaf een weg langs de randen van de nieuwbouw, zodat ze bereikbaar zijn voor leveranciers en/of nooddiensten. De pontons op het IJ markeren de locatie als een levendig en multifunctioneel gebied langs de IJ-route met zijn langzame verkeer. Tussen de kleinschalige gebouwen komt een netwerk van intieme openbare ruimten tot leven, waardoor een kleurige en levendige multifunctionele wijk ontstaat.

development to ensure accessibility for deliveries and the emergency services. A network of intimate public spaces is activated between the small-scale
buildings, creating a colourful and lively multi-functional district.

# BUIKSLOTERHAM UNZIPPED

### 1E RONDE

Het project Buiksloterham Unzipped haakt op een mooie manier in op de reeds bestaande activiteiten in Amsterdam-Noord, namelijk een mix van wonen en bedrijvigheid. Het plan biedt geen vastomlijnd programma, maar in plaats daarvan mogelijkheden voor de gemeenschap om leven en werken naar eigen inzicht in te richten, waarbij een mate van veranderlijkheid mogelijk is. Interessant is de manier waarop de wisselwerking tussen particulier en publiek opdrachtgeverschap is ingezet als strategie. Op deze manier worden initiatief en betrokkenheid van gebruikers aangemoedigd. Het ontwerpvoorstel laat tussen de bouwblokken een grote ruimte open, waar verschillende publiek-private initiatieven kunnen worden ontplooid. De compositie zorgt voor een dynamiek van zichtlijnen, die de bouwblokken, de publieke ruimte en het IJ met elkaar verbindt. De jury vindt Buiksloterham Unzipped een interessant en origineel voorstel, dat in de uitwerking echter wel om scherpte vraagt.

### 2E RONDE

De jury is gecharmeerd van het idee een strategie te ontwikkelen voor de locatie. De aanpak, waarbij op verschillende niveaus over duurzaamheid is nagedacht, is coherent en overtuigend gepresenteerd. Op het niveau van organisatie is het wel een risicovol plan, met veel betrokken partijen. Het concept van (collectief) particulier opdrachtgeverschap is interessant maar vergt een scherpere uitwerking. Wie bepaalt bijvoorbeeld de randvoorwaarden voor de kavelpaspoorten? En hoe flexibel is het plan wanneer de beoogde doelgroep geen interesse heeft? Het plan wordt hiermee vooral een verhaal over doelgroepen, beheer, organisatie en fasering, terwijl de ruimtelijke kwaliteiten van het voorstel minder sterk naar voren komen.

De indeling van de locatie in stroken organiseert weliswaar het gebied, maar de interactie met de andere gebouwen uit het gegeven stedenbouwkundig plan is niet nader bestudeerd. Zij lijken nu hoofdzakelijk als 'rug' te dienen voor de kleinere volumes in

# BUIKSLOTERHAM UNZIPPED

### 1ST ROUND

This project ties in well with the existing combination of housing and industry in North Amsterdam. The plan does not offer a clearly defined programme, but provides instead opportunities for the community to design the environment they live and work in, allowing a measure of flexibility. The way the interaction between private and collective patronage is deployed is interesting as a strategy. It is a way of encouraging initiative and involvement among the users. The design proposal leaves a large open space between the building blocks, where various public-private initiatives can develop. The composition brings about a dynamic interplay of the visual axes, linking together the building blocks, the public space and the river. The jury considers Buiksloterham Unzipped an interesting and original proposal that calls for sharp thinking in its elaboration.

### 2ND ROUND

The jury was taken with the idea of working out a strategy for the location. The approach, in which sustainability was considered on various levels, was presented in a coherent and convincing manner. It is a plan with its fair share of organisational risk, given the number of parties involved. The concept of collective private commissioning is interesting but requires more elaboration. Who for instance would decide on the preconditions for the plot passports? And how flexible would the plan prove to be if the envisaged target group does not display any interest? In that sense, the plan thereby becomes a tale of target groups, management, organisation and staging, whilst the spatial qualities of the plan have received less attention.

The arrangement of the location in strips does organise the area, but the interaction with the remaining structures from the designated urban development plan has not been studied in very great detail. They now seem to operate mainly as a backbone for the smaller volumes in the Unzipped landscape. The plan creates

het landschap van Unzipped. Het plan creëert als het ware een eigen dorp op de Buiksloterham, en lijkt op die manier het Open Fort-thema te behandelen. Het dorpse karakter is echter ook een punt van kritiek: het is een generiek systeem, dat niet speciaal toegesneden is op de karakteristieke locatie aan het IJ. Eenzelfde principe had ook elders kunnen worden toegepast. Het plan is met zijn opdeling in fragmenten te kleinschalig voor de locatie, en een uitgesproken architectonische articulatie ontbreekt. Bovendien is het ontwerp voor de openbare ruimte aan de kade te optimistisch gepresenteerd en is geen rekening gehouden met de krachtige wind die op deze plek vaak heerst.

its own village within the Buiksloterham and appears to tackle the Open Fort theme. This village-style character is also subject to criticism: it is a generic system not specifically tailored to the characteristic location along the IJ. The same principle could just as well have been applied elsewhere. The plan, with its division into fragments, is too small-scale for the location and it lacks in defined architectural articulation. Moreover, the design of the public space along the quayside waterfront displays an unwarranted degree of optimism and no consideration was given to the prevalent strong winds.

Rendering vogelvlucht bij dag

Impression bird's eye view by day

Impression bird's eye view by night / **Rendering vogelvlucht bij avond**

Impression streetscape by day / **Rendering straatbeeld bij dag**

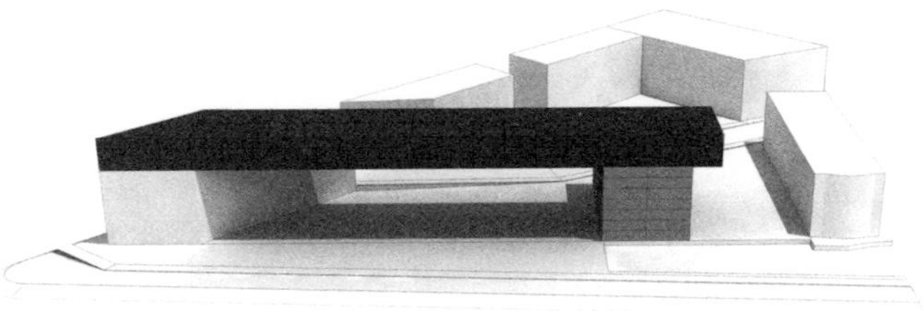

Diagram 01 / **Schema 01**

Diagram 02 / **Schema 02**

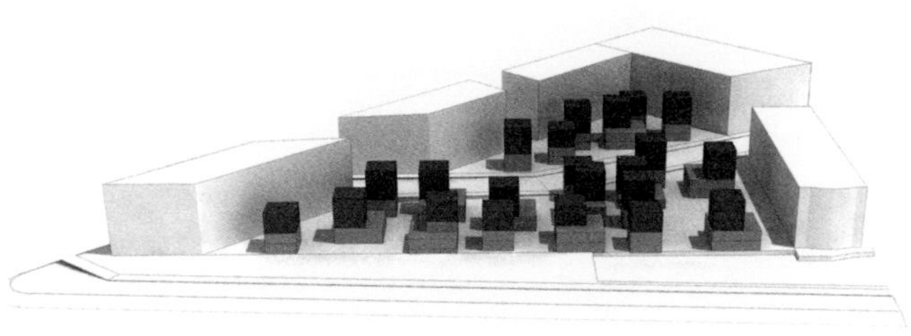

Diagram 03 / **Schema 03**

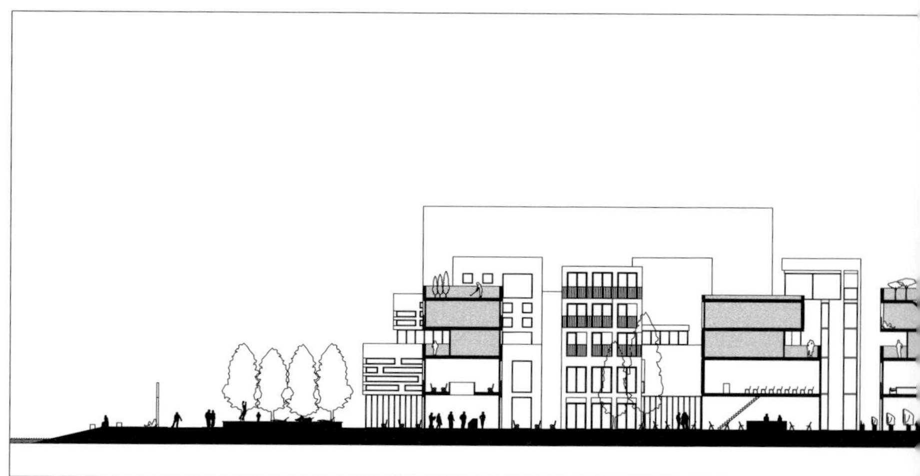

Doorsnede

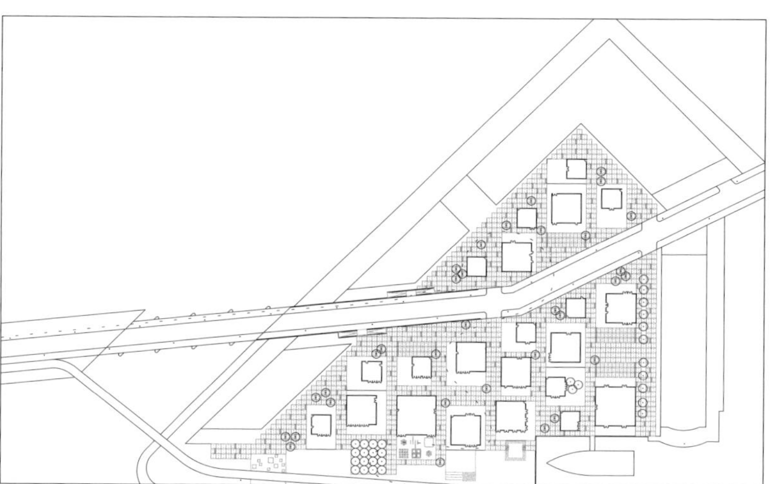

Planning map / Plankaart

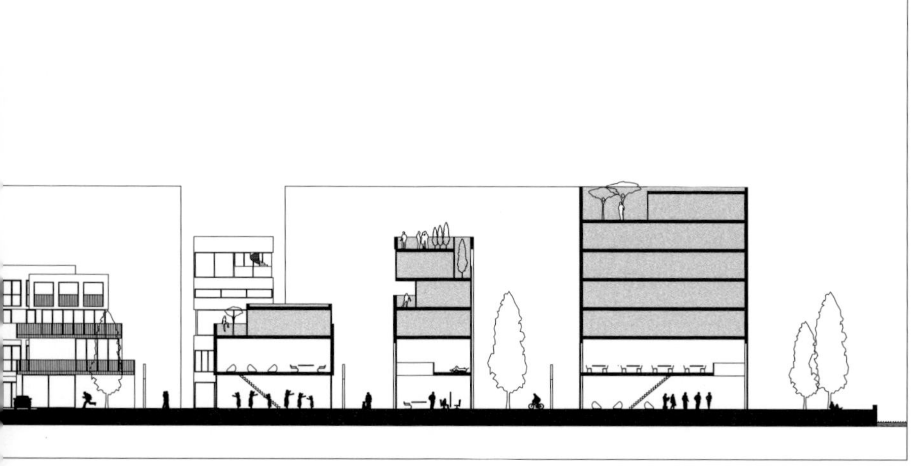

Section

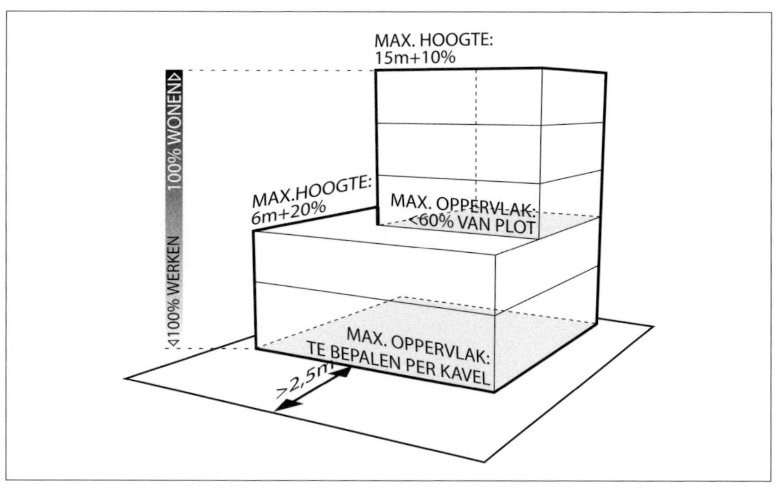


Schematic parcelling plan / **Schema kavelpaspoort**

# NEW YORK 5
### Stereo Architects

Het 'Open Fort' dat in Amsterdam ontworpen moet worden om de stichting van New York, 400 jaar geleden, te herdenken biedt de mogelijkheid van een culturele uitwisseling tussen de twee steden. Het is een project dat aan beide zijden van de Atlantische Oceaan zal worden uitgewerkt. Het stelt New York in de gelegenheid iets terug te doen voor Amsterdam, dat de eerste architectuur neerzette in de stad die tegenwoordig wereldberoemd is om haar baanbrekende bouwkunst.

Om de band tussen New York en Amsterdam te vieren willen wij geen doorslag van het typische New Yorkse. Wolkenkrabbers, als bruiloftstaarten of bekleed met glas in staal, worden al gebouwd langs de Zuidas van Amsterdam en op de oevers van het IJ. Ze vormen in zekere zin de afspiegeling van de typische kanaalhuizen die je nog in het centrum van Manhattan vindt. Was er nog iets anders typisch New Yorks, vroegen we ons af, dat een plaats kon krijgen in Amsterdam zonder een pastiche te worden. Het grootste project in New York, alleen geëvenaard door de roosterplattegrond uit 1811, is toch wel de geodetische koepel boven het eiland, die werd bedacht door Buckminster Fuller. Over de hele lengte van 42nd Street, zo'n 2 mijl, zou de koepel de stad beschermen tegen vervuiling. Een soort milieubescherming *avant la lettre*, opgeblazen tot absurde proporties. Met Nederlandse bescheidenheid zouden we kunnen proberen er ergens in Amsterdam een bestemming voor te vinden.

Aan het eind van 42nd Street bevindt zich het hoofdkwartier van de Verenigde Naties, gehuisvest in een modernistisch bouwwerk met vele vroede vaderen, dat comfortabel op de oevers van de East River staat. We wilden een tegenwicht voor Amsterdam dat de internationale ambities van de stad weerspiegelt en vooral de culturele aspiraties van het terrein op de oevers van het IJ. Een onderafdeling van de VN of een van zijn instanties zou perfect aan de kwalificaties voldoen. Helaas werd de kandidaat van onze voorkeur, het hoofdkwartier van de UNESCO, 'per ongeluk' in Parijs gebouwd. Onder de welwillende blik van Le Corbusier en Walter Gropius had een team van internationale architecten onder aanvoering van Marcel Breuer al een bewonderenswaardige klus geklaard. Maar wat als we ons konden voorstellen dat het hoofdkwartier in Amsterdam stond? De stad wordt omringd door een uniek monument

# NEW YORK 5
### *Stereo Architects*

The Open Fort to be designed in Amsterdam to commemorate the founding of New York 400 years ago offers an opportunity for cultural exchange between the two cities. This project will be elaborated on both sides of the Atlantic and will provide an occasion for New York to return the favor to Amsterdam, which initiated the first building style of the city now world famous for its architecture.

We don't want a carbon copy of typical New York to celebrate the bond between NYC and Amsterdam. Skyscrapers like stone wedding cakes or clad in glass and steel are already being built in Amsterdam's Zuidas and on the banks of the IJ, mirror images of the typical canal houses that have remained in downtown Manhattan. We considered something else that was typical of New York and that could find a place in Amsterdam without becoming a pastiche. Second only after the 1811 grid plan of Manhattan, the grandest project for New York must be the geodesic dome over the island conceived by Buckminster Fuller. Spanning the entire length of 42 street – about two miles – the dome was intended to protect the city from pollution in an early form of environmentalism blown up to absurd proportions. With Dutch modesty we could try to find some use for the idea in Amsterdam.

At the end of 42nd Street lies the UN headquarters, a modernist building that sits comfortably on the banks of the East River. We thought about a counterpart for Amsterdam that would reflect the international ambitions of the city and specifically the cultural aspirations for the site on the banks of the IJ. A subsidiary of the UN, or one of its agencies, would fit the bill perfectly. Unfortunately our preferred candidate, the headquarters of UNESCO happenes to have been built in Paris. Under the auspicious eyes of Le Corbusier and Walter Gropius, a team of international architects led by Marcel Breuer have already done an admirable job. But what if we could imagine that the headquarters were located in Amsterdam? The city is surrounded by a unique UNESCO world heritage site: the Defense Line of Amsterdam, a fortification and inundation ring twenty miles across that intersects with the Beemster polder, also a world heritage site. The city has nominated its own historic centre for its creative genius. If the project goes ahead, an invisible

op de Werelderfgoedlijst van de UNESCO: de Amsterdamse waterlinie, een 20 mijl brede fortificatie- en inundatiegordel die de Beemsterpolder, eveneens een monument op de Werelderfgoedlijst, doorsnijdt. De stad zelf heeft tevens het historisch centrum genomineerd vanwege het creatieve karakter. Als alles doorgaat, zal een onzichtbare koepel van twee mijl breed het stadscentrum beschermen. Tegenover deze neiging naar conservering ontwikkelt Amsterdam verschillende dynamische stadsgebieden, waarvan de grootste de Zuidas en de IJ-oevers zijn. De laatste bevinden zich recht tegenover het historisch centrum. Ze verminderen de stedelijke druk die anders het monumentale karakter van de oude stad zou bedreigen, en creëren tegelijkertijd mogelijkheden voor stadsontwikkeling, waardoor ze de vitaliteit van de stad als geheel garanderen. Is er een betere plaats om je een nieuw UNESCO-hoofdkwartier voor te stellen als blijk van de verwevenheid van historische waarden en toekomstige ontwikkeling?

De IJ-oevers zijn sterk in ontwikkeling en veranderen geleidelijk van een industrieel terrein in een levendig gebied voor gemengd gebruik. Er zijn hier al verscheidene wegbereidende culturele initiatieven ontplooid: het hoofdkwartier van de UNESCO zal een nieuwe internationale draai geven aan deze mix. Om de diversiteit van zowel de activiteiten van de organisatie als de culturen waarmee het omgaat tot uitdrukking te brengen, wordt het gehuisvest in vijf gebouwen met een totaal verschillende architectuur. Elk gebouw bevindt zich op een stuk grond van 12 x 18 meter en is maximaal 27 meter hoog. Het zesde stuk grond blijft leeg en dient als openbaar plein. De zes stukken grond worden overdekt door een glazen 'Bucky-kubus', die eenheid brengt in de architectuur, en de openbare ruimte van het project verenigt met zijn gebouwen. Het is een Open Fort dat de architectuur duidelijk omsluit en in zijn transparantie toch de openheid van het complex voor het voetlicht brengt. En als het aan ons ligt, zou het Open Fort ook volgens de open-sourceprincipes moeten worden gebouwd, omdat we de vijf gebouwen in feite niet zelf ontwerpen.

Om het idee voor de nieuwe UNESCO te kunnen presenteren, moesten we vijf plaatsvervangende architectuurobjecten gebruiken. We kozen er vijf die exemplarisch zijn voor de historische ontwikkeling van het meest typische gebouw in New York: de wolkenkrabber. De honger naar verhuurbare vloerruimte van het Equitable Building gaf de aanzet tot de zonewetten van 1916, die de vorm van grote gebouwen aan banden legden en leidden tot de typische wolkenkrabbers in de vorm van een bruiloftstaart, waarvan het Empire State

dome two miles wide will protect the city centre. Vis-a-vis these conservatory trends, Amsterdam is developing several dynamic urban areas, the largest of which are the Zuidas and the banks of the IJ. The latter sits directly opposite the historic centre, deflating the urban pressure that threatens the monumental character of the old city whilst creating possibilities for urban development, ensuring the vitality of the city as a whole. What better place is there to envisage our new UNESCO headquarters as a token of the interweaving of historical values and future development?

The banks of the IJ are under heavy development, gradually being transformed from a post-industrial wasteland into a lively mixed-use area. Several pioneering cultural initiatives have already taken their place here. The new UNESCO headquarters will introduce a new international twist. To express the diversity of the activities of the organization and the cultures it deals with the UNESCO headquarters is housed in five buildings of contrasting architectures. Each building is situated on a 40 x 60 feet plot, and is no more than 90 feet high. The sixth plot is kept empty, as a public square. The six plots are covered by a glass Bucky cube, creating unity in the architecture, gathering together the public space of the project with its buildings. It is an open fort, clearly enclosing the architecture and yet in its transparency communicating the openness of the complex. We feel the open fort should be built according to the principles of open source. We will not be designing any of the five buildings.

To demonstrate the idea for the new UNESCO offices we have had to use five placeholder pieces of architecture, five works that exemplify the historical development of the building most typical of New York, the skyscraper. The Equitable Building in its greed for rentable floor space prompted the introduction of the 1916 zoning laws that controlled the shape of tall buildings, leading to the typical stepped-back wedding-cake skyscrapers, of which the Empire State Building is undoubtedly the most famous example. By introducing a public plaza, Mies van der Rohe's Seagram Building in its turn led to the 1961 zoning law, which provided incentives for buildings that contributed to public space. Architecture veered off in another direction, as Philip Johnson's postmodern AT&T building shows, becoming obsessed with image. Recent developments such as SANAA's New Museum, however, show a trend towards a fresh and playful approach. We want to see what the next step will be. Instead of five existing buildings, we want five new designs for the

Building ongetwijfeld het beste voorbeeld is. Door een openbaar plein te introduceren leidde Mies van der Rohes Seagram Building op zijn beurt tot de zonewet van 1961, die een stimulans betekende voor gebouwen die bijdragen aan de openbare ruimte. Met Philip Johnsons postmoderne AT&T-gebouw sloeg de architectuur een andere richting in en raakte geobsedeerd door beeld. Maar recente ontwikkelingen als SANAA's New Museum tonen in toenemende mate een frisse en speelse benadering. Wij willen de volgende stap zien. In plaats van vijf bestaande gebouwen willen we vijf nieuwe ontwerpen voor de toekomst. Net als bij de UNESCO in Parijs zal een team architecten aan het plan werken. Als dit plan wordt gekozen, zullen wij vijf architecten uit New York ieder één deel van het ontwerp laten uitwerken. De architecten worden geselecteerd uit vertegenwoordigers van de volgende generatie: jong, ambitieus en conceptioneel sterk. We zullen hun vragen zich de volgende stap in de architectuur voor de geest te halen, binnen de grenzen die het totaalontwerp hun oplegt. Wijzelf zullen daarbij optreden als supervisors, het ontwerpproces sturen en de architecten aanmoedigen nieuwe mogelijkheden te onderzoeken.

future. As with the UNESCO building in Paris, a team of architects will work on the plan. If this plan is, we will commission five New York architects, each of whom will elaborate one fifth of the design. The architects will be selected to represent the next generation: young, ambitious and conceptually strong. They will all be asked to envision the next step in architecture, within the limits set by the overall design. We ourselves will act as supervisors, guiding the design process and encouraging the architects to explore new possibilities.

# NEW YORK 5

### 1E RONDE

Van de overgebleven plannen in de laatste ronde is New York 5 het meest opvallend waar het de vierhonderdjarige relatie tussen New York en Amsterdam betreft. Op verschillende niveaus worden verbanden gelegd tussen beide steden. Allereerst door in het voorstel iets van de sfeer van Manhattan over te brengen naar de Buiksloterham. Binnen de geringe beschikbare bouwhoogte worden vijf New Yorkse wolkenkrabbers aan het Amsterdamse IJ gezet. Om dit mogelijk te maken zijn de gebouwen sterk verschaald, en samengebracht onder een glazen kap. Het geheel doet denken aan de geodetische koepel van Buckminster Fuller, en eveneens aan de verkleinde gebouwen in Madurodam. Inderdaad heeft het voorstel een zeker kitschgehalte, maar het biedt wel degelijk interessante perspectieven voor een ontmoetingsplek met metropolitane allure – eens te meer omdat de inzenders voorstellen hier een hoofdgebouw van de UNESCO te vestigen. Een volgend element in de uitwerking van het thema New York-Amsterdam is de sympathieke gedachte dat de opdracht voor de uitwerking van de vijf torens onder het glazen dak verleend zou worden aan vijf architecten uit New York. Mocht het inderdaad tot een uitwerking komen, dan zijn er nog veel vragen te beantwoorden. Wat wordt uiteindelijk het gezicht van dit gebouw, hoe herkenbaar zijn de torens nog als ze alle onder een tweede huid verborgen zijn? En is op deze locatie onder een glazen stolp een aangenaam microklimaat te realiseren?

### 2E RONDE

De jury is onder de indruk van de energie en het enthousiasme die het project uitstraalt. Ze acht het bijzonder origineel om op deze manier New York in het plan te betrekken en daadwerkelijk vijf architecten uit die stad te betrekken bij het ontwerp, ondanks de geringe beschikbare tijd. Het proces is bijzonder inspirerend en biedt een verfrissende kijk op de rol van de ontwerper in cultureel-maatschappelijke vraagstukken. Het ontwerp vergt wel nog verdere architectonische uitwerking om te overtuigen dat het

# NEW YORK 5

### 1ST ROUND

Of the nine plans in this last round, New York 5 is the most striking in its dealing with the 400-year-old relation between New
York and Amsterdam. Links between the two cities are made at
different levels. The Buiksloterham location presents an opportunity to bring a Manhattan atmosphere to Amsterdam. Within
the constraints of a limited building height five New York skyscrapers are placed beside the IJ in Amsterdam. They have had
to be considerably rescaled and gathered beneath a glass roof.
The whole recalls the geodesic dome of Buckminster Fuller and
the miniature buildings in Madurodam model village. While the
proposal does have a certain kitsch quality to it, it offers interesting perspectives as a meeting place with metropolitan allure, all
the more because the submission proposes to house a UNESCO
main building. Another elaboration of the New York-Amsterdam
theme is the welcome proposal that the commission for the five
towers beneath the glass roof should be given to five architects
from New York. If this were to reach the implementation stage
there would still be many questions to be answered. What will
the building eventually look like? How recognizable are the towers if they are all hidden beneath a second skin? And is it possible
to create a pleasant microclimate beneath a glass cover at this
location?

### 2ND ROUND

The jury was impressed by the energy and enthusiasm the
project exudes. It is a remarkably original idea to approach New
York in this manner and to involve five New York architects in the
design, despite the limited time available. The process is remarkably inspiring and offers a refreshing look at the role of the designer in socio-cultural issues.
The design does require some further structural detailing to
prove that the whole created by the five towers is greater than
the sum of their individual parts, especially in light of the high
costs that the plan will involve.

geheel van de vijf torentjes meer is dan de som der delen, zeker gezien de hoge kosten die het voorstel met zoveel (binnen)gevel-oppervlak met zich meebrengt.

Het principe van een fort dat bescherming biedt, ziet de jury terug in de glazen kubus die voor een gecontroleerd binnenkli-maat zorgt. De ruimtelijke kwaliteit van de binnenruimte is nog niet overtuigend gepresenteerd. Zijn de torens hoog genoeg om de gewenste stedelijke sfeer te leveren? De stedelijke dynamiek van een stad als New York heeft ook te maken met program-matische diversiteit, en de jury betwijfelt of dit voorstel daaraan voldoende tegemoet komt. Er worden hoofdzakelijk kantoor-ruimten voorgesteld, en nog wel van één enkele organisatie. De jury mist de menging van functies waar in de opgave om was ge-vraagd. Om er een bruisende, publieke plek van te maken is waar-schijnlijk meer nodig dan alleen een handvol publieke functies op de begane grond. Het bordes dat zich vanuit het gebouw uitstrekt tot aan het IJ wordt daarentegen wel als mogelijk publiek domein gezien, dat een culturele toevoeging aan de Buiksloterham kan bieden.

Ten aanzien van de randvoorwaarden komt het plan niet tege-moet aan de gestelde contouren. Wel is het gebouw zo op zichzelf gesitueerd dat met een verschuiving op de locatie de 'footprint' wel binnen de contour geplaatst zou kunnen worden, zonder dat het gebouwconcept daarvoor moet inboeten. Toch blijft de inpas-sing op de locatie een punt van zorg, omdat de relatie met de om-liggende bebouwing en programma's niet helder is.

In the jury's view the principle of a fort that offers protection is reflected in the glass cube, which ensures a controlled indoor climate. The spatial quality of the interior space has yet to be presented in a convincing manner. Are the towers large enough to provide the desired urban atmosphere? The urban dynamics of a city such as New York call for programmatic diversity and the jury have their doubts as to whether this plan addresses this the matter sufficiently. The proposal is to designate most of the space for offices belonging to a single organisation. The jury cannot detect a fusion of functions as required by the assignment. To turn this into a lively public space would probably take more than a handful of public functions on the ground floor. The platform that extends out from the building to the banks of the IJ might be considered as public domain, which could represent a cultural enhancement of the Buiksloterham.

The plan does not address the designated contours as defined by the preconditions.

Nevertheless, the structure is situated in such an autonomous manner that a shift on location could well render the footprint within the contour, without the structural concept having to be compromised. The integration on location remains a point for concern all the same, since the relationship with the surrounding buildings and programmes is not sufficiently clear-cut.

Looproute

Walk

Aerial 1 / **Luchtaanzicht 1**

Square / **Plein**

Aerial 2 / **Luchtaanzicht 2**

Garden / **Tuin**

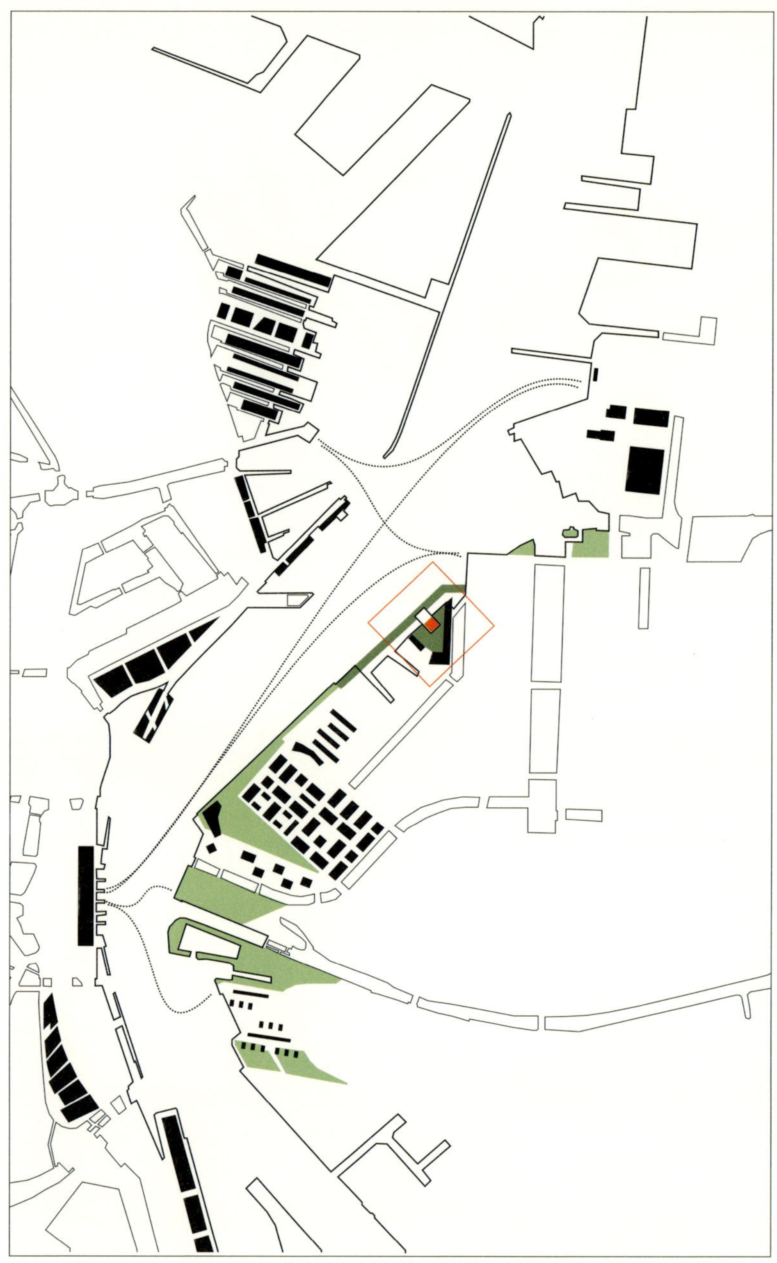

Square / Plein

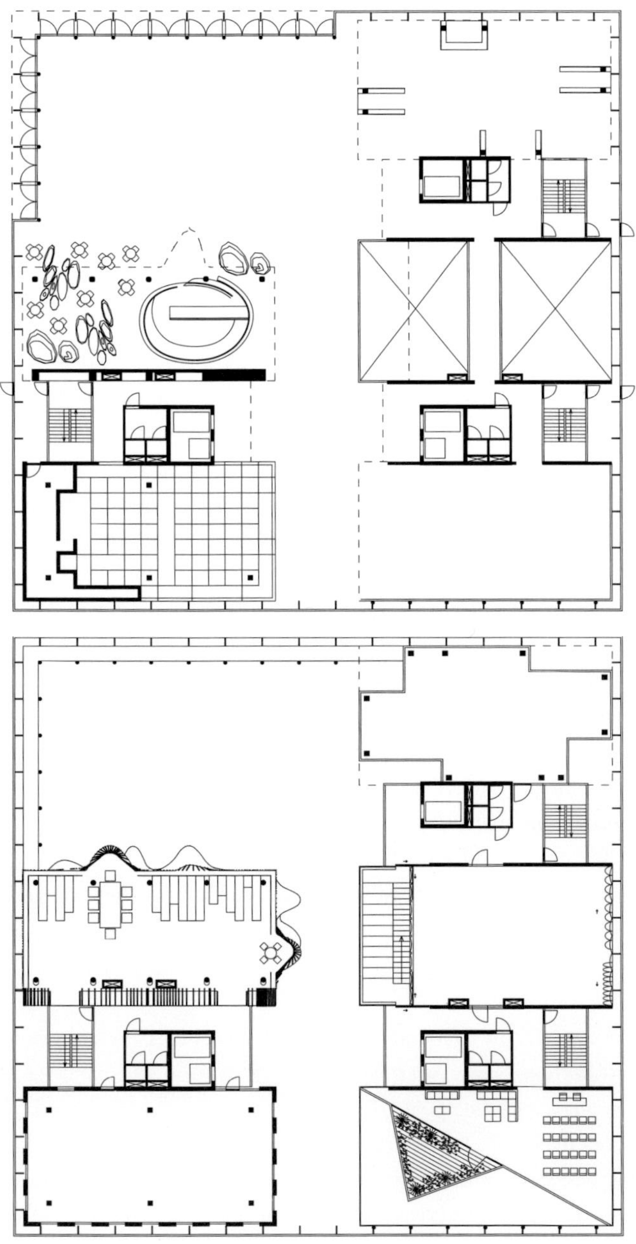

Plans / **Plattegronden**

# FORT X
### *XML*

Een van de meest overheersende dogma's van modernistische planning is een scheiding tussen leven en werken. Bijna alle moderne stedelijke utopieën die begin twintigste eeuw werden geïntroduceerd als tegenwicht voor de chaotische negentiende-eeuwse industriële stad waren gebaseerd op een strikte scheiding van functies in duidelijk afgebakende zones. Vanaf dat moment is dit schisma stevig geworteld in het denken over de ruimtelijke organisatie van de maatschappij. Tot op de dag van vandaag wordt de Nederlandse middenklasse geacht een bestaan te leiden dat zich beweegt tussen de domeinen werk en leven en waarin tijd onderverdeeld is in werk en vrije tijd. Hoewel de samenleving een postindustriële fase heeft bereikt en er nieuwe hybride leefstijlen opkomen die leven en werken integreren, zijn er slechts enkele projecten waarin met deze meer ambigue programma's wordt geëxperimenteerd. Tegelijkertijd veranderen stedelijke structuren die onderdak kunnen bieden aan nieuwe vormen van leven en werken, zoals het centrum van Amsterdam of de Londense wijk Soho, snel in 'gentrificatiemachines', doordat dit de enige plaatsen lijken te zijn waar een compacte mix van leven en werken zou kunnen ontstaan. Waar de industriële maatschappij gebaseerd was op het uiteenrukken van verschillende stedelijke programma's is de kennismaatschappij afhankelijk van de (onverwachte) relaties die het gevolg zijn van compacte configuraties van verschillende programma's.

In dit voorstel worden twee typologische kenmerken van het fort geïdentificeerd en strategisch ingezet om een meer hedendaagse synthese van leven en werken te realiseren:

— *Leven en werken zijn verweven binnen een duidelijk omschreven ruimte.*
— *Architectuur is een vorm van stedelijkheid.*

Op basis van deze twee typologische observaties maakt dit voorstel de ambitie van het bestaande masterplan een stuk radicaler. Hoewel het huidige plan de respectieve werk- en leefprogramma's op één locatie verenigt, worden deze programma's nog steeds in aparte volumes georganiseerd, te midden van een publieke ruimte die is samengesteld uit traditionele binnensteedse elementen als parken en pleinen. In plaats daarvan wil dit project alle componenten

# FORT X
### *XML*

One of the dominant dogmas of modernist planning is the need to separate living and working. Almost all modern urban utopias launched at the beginning of the twentieth century to counter the chaotic nineteenth-century industrial city were based on a strict separation of functions into clearly delineated zones, ever since when this schism has remained deeply rooted in the spatial organization of society. To this day the Dutch middle class is presumed to commute between work and home and time is subdivided into periods of working and leisure. Although society has reached a post-industrial stage and new hybrid lifestyles are emerging that integrate living and working, there have been only a few developments that experiment with these more ambiguous programs. At the same time urban structures that are able to accommodate new forms of living and working, such as the city center of Amsterdam or the district of Soho in London, rapidly change into gentrification machines since it seems these are the only places where dense amalgamations of living and working can materialize. While the industrial society was based separation of urban programs, the knowledge society is dependant on the unexpected relations that result from dense configurations of a variety of programs.

In this proposal two typological characteristics of the fort are recognized and strategically deployed to achieve a more contemporary synthesis of living and working:

- *In the typology of the fort, living and working are interwoven within a clearly defined spatiality.*
- *In the typology of the fort, architecture is a form of urbanism.*

This proposal radicalizes the ambition of the existing master plan. Although the current plan organizes working and living at one location, these are organized in separate volumes beside a public space made up of such traditional inner-city elements as a park and a square. This project instead proposes to reorganize all components of the current master plan into two separate building blocks. Accordingly the complete public and private program is now organized exclusively on the architectural scale, allowing for the development of a large variety of both residential and working typologies within a single spatial

van het huidige masterplan reorganiseren in twee aparte gebouwenblokken. Het complete publieke en private programma wordt dus uitsluitend verenigd op het niveau van architectuur. Hierdoor ontstaat een enorme verscheidenheid aan typologieën op zowel het terrein van wonen als van werken binnen één enkel ruimtesysteem. Deze typologieën lopen uiteen van appartementen met kantoor aan huis tot woningen met een gezamenlijke werkruimte waarin buren virtueel collega's worden. Het blok bevat groepen kleine kantoorunits, gecombineerd met een kinderdagverblijf, maar ook een businesscenter, seniorenwoningen en faciliteiten als een koffieshop om te werken en mensen te ontmoeten. Ook een copyshop maakt deel uit van het voorgestelde programma.

In plaats van binnen een enkel blok simpelweg woon- en kantoorruimte te combineren, introduceert dit voorstel een geleidelijk verloop van meer hybride vormen waar werk en ontspanning holistisch op elkaar kunnen inwerken. Midden in het blok is een grote incisie gemaakt die dient als platform waarop alle activiteiten in het gebouw op elkaar kunnen inwerken. Alle punten met verticale infrastructuren doorsnijden deze open ruimte, waardoor een maximum aantal verbindingen tussen de verschillende programma's mogelijk wordt. Omdat de openbare ruimten zijn ontworpen als een integraal onderdeel van het gebouw zelf, is er nu ook de (financiële) ruimte om deze gezamenlijke ruimten tot een gebied van onverwachte uitwisseling te ontwikkelen. Het voorstel is erop gericht het latente potentieel van de geïsoleerde positie van het terrein aan de IJ-oever tot leven te brengen. Bovendien zál de schaal van het blok een relatie leggen tussen het nieuwe gebouw en bestaande IJ-gebouwen zoals het Centraal Station, het nieuwe IJ-dok, de Silodam en de toekomstige Pontsteiger.

Op een onverwachte manier vormt de uitgestrekte leegte van Amsterdams postindustriële landschap een afspiegeling van de huidige toestand waarin 'de Europese stad' verkeert. De stad die oorspronkelijk de twee tegenpolen werken en wonen in evenwicht hield, is langzamerhand veranderd in een landschap van bijeengebrachte fragmenten die elk specifieke vormen van collectiviteit verenigt. Tegen deze achtergrond manoeuvreert dit voorstel tussen een conceptuele blauwdruk en een architecturale strategie. De kernvraag voor het project is hoe een betekenisvolle openbare ruimte waarin wonen en werken naadloos samengaan, kan worden ontwikkeld in de uitgestrektheid van dit postindustriële landschap.

system, ranging from apartments with in-house offices to dwellings that share a workspace in which neighbors become virtual colleagues. The block contains clusters of small office units combined with a kindergarten, plus a business center, senior housing and facilities such as a coffee shop in which to work and meet people. A print shop is part of the proposed program.

Instead of simply combining housing and office space within a single block this proposal introduces a gradient of hybrid forms where work and leisure can interact holistically. At the heart of the block is a large incision that provides a platform for all the activities in the building to interact. All points of vertical infrastructure intersect across this open space, allowing a maximum of connections between the many programs. Since the public spaces are integral by design within the building there is the financial space to develop these collective spaces into an area of unexpected exchange. The proposal aims to activate the latent potential of the site's solitary position on the shore of the IJ. The scale of the block will relate the new building to existing IJ buildings such as the Central Station, the new IJ-Dock, the Silodam and the future Pontstijger.

The vast empty expanse of Amsterdam's post-industrial harbor landscape is a reflection of the current condition of the European city which originally balanced the two opposites of working and living but has now evolved into a landscape of concentrated fragments that each organize specific forms of collectivity. Against this backdrop, this proposal maneuvers between a conceptual blueprint and an architectural strategy. The core question for the project is how a meaningful public space in which living and working can go seamlessly together can be developed in the vastness of a post-industrial landscape.

# FORT X

### 1E RONDE

Met zijn abstracte witte volume met subtiel gevormde opening
biedt Fort X een sterke vorm aan het water. De kracht van deze
ingreep ligt in de combinatie van een sterke beeldwaarde met
een interessante publieke ruimte die in het gebouw en direct aan
het water is gesitueerd. Het gebouw treedt daarmee echter buiten
de gestelde stedenbouwkundige kaders. De bijzondere ontmoe-
ting tussen de golvende onderrand van de gebouwopening en het
wateroppervlak van het IJ is een van de grootste kwaliteiten van
deze inzending. Hier komen architectuur en landschap samen.
Volgens de stedenbouwkundige randvoorwaarden mag echter,
vanwege de zware scheepvaart, niet vlak aan het water gebouwd
worden. Het is dan de vraag of het gepresenteerde beeld van Fort
X zijn kracht behoudt wanneer het binnen de oorspronkelijke kaders geplaatst zal worden. Een ander punt van zorg is of het karakteristieke gevelbeeld ook bij verdere uitwerking realiseerbaar
is. Er zullen immers constructieve elementen nodig zijn om de
bovenbouw te dragen, en ook gevelopeningen zullen het nu abstracte beeld kunnen verstoren.

### 2E RONDE

De jury is onder de indruk van de professionele presentatie van
het plan. Het ontwerp komt tegemoet aan de verwachting die in
de eerste ronde gewekt werd van een sterk, iconografisch beeld
dat een opvallende rol kan spelen in het Amsterdamse 'waterfront'. Het gebouw heeft een sculpturale kwaliteit, die ook bij
deze uitwerking, waarbij de gevel noodzakelijkerwijs veel meer is
opengewerkt, nog tot haar recht komt. De opgave is dus wel degelijk in een overtuigend voorstel vertaald: het is een gedurfd plan
dat interessante thema's introduceert die ook buiten de specifieke
opgave van belang zijn.
De jury is gecharmeerd van het publieke deel in de incisie van het
gebouw, maar vraagt zich af hoe dit in de praktijk gaat werken.
Immers, een groot deel van het publieke programma bevindt zich
boven het maaiveld. Ook zijn in de tekeningen en de maquette de

# FORT X

### 1ST ROUND

The abstract white volume and subtly shaped opening of Fort X presents a powerful form on the waterfront. The strength of this intervention lies in the visual impact of an interesting public space both inside the building and in the immediate waterfront surroundings and which exceeds the fixed limits of official urban planning. The unusual encounter between the wavy lower side of the opening to the building and the surface of the IJ waterway is one of the greatest qualities of this proposal, where architecture and landscape meet. According to the environmental planning limitations, however, the nearby passage of heavy shipping precludes building close to the water. It is debatable whether the impression presented of Fort X will retain its strength if it is set further back within its original limits. Another cause for concern is whether the characteristic appearance of the façade is feasible when elaborated in more detail. After all, structural elements will be needed to support the upper floors and openings in the façade may disrupt what is at the moment an abstract image.

### 2ND ROUND

The jury was impressed by the professional presentation of the plan. The design lives up to the expectations created in the first round of a strong, iconographic image, which could become a notable feature along the Amsterdam waterfront. The structure has a sculptural quality, and even with a detailing in which the façade was unavoidably cut away to a much greater degree, it still manages to do justice to the building. The assignment has definitely been translated into a convincing plan; it is bold and introduces some interesting themes whose importance lies outside the specified task.

The jury appreciated the public section within the incision in the structure, but wondered how this would work in practice; after all, a large proportion of the public programme will take place above ground level. The vertical sections/central layers are depicted as being rather small in the drawings and the scale model,

verticale kernen zeer bescheiden weergegeven, terwijl deze in de praktijk een meer beeldbepalende rol zullen spelen. Wel acht de jury het mogelijk ook dit aspect uit te werken zonder het sterke beeld van de publieke opening aan te tasten.

Het voorgestelde programma van eisen, met een variëteit aan woon- en werktypologieën en een hotel als 'tijdelijk thuis', zoals de ontwerpers het formuleren, zal zeker een bepaalde levendigheid creëren. De vraag is wel of het gebouw met dit programma ook genoeg publiek trekt om een rol als katalysator te vervullen.

Een groot bezwaar van de jury betreft de omgang met de in de opgave bepaalde randvoorwaarden en de manier waarop het plan ingaat op de directe omgeving. Het plan wijkt sterk af van de gestelde stedenbouwkundige kaders en werkt alleen in isolatie. Stedenbouwkundig sluit het niet goed aan bij de omgeving, zoals de Groene Draeck en de rest van de Buiksloterham. Het gebouw wordt gepresenteerd met een 'voorkant' aan het IJ en een 'achterkant' naar de Buiksloterham. Het is hiermee te eenzijdig gericht op het IJ en levert te weinig op voor het omliggende gebied.

while in reality these would be more visually dominant. The jury elaborated on this aspect without detracting from the strong image of the public space.

The proposed programme of requirements, with its variety of residential and commercial typologies and a hotel serving as a temporary home, as the designers expressed it, will certainly generate a lively sphere. The question is whether the building would in fact be able to attract sufficient visitors with this programme to fulfil a catalytic role.

The jury had a major objection to the way certain preconditions of the assignment were handled and the way in which the plan relates to its immediate surroundings. The plan deviates greatly from the designated urban development framework and works only in isolation. It does not seem to amalgamate with its own urban design environment; with the Groene Draeck and the rest of the Buiksloterham for instance. The structure is presented with a frontage facing the IJ and its rear towards the Buiksloterham. This renders an excessively one-sided positioning towards the IJ, and does not contribute enough to the surrounding area.

Zwemmen aan het IJ

Swimming by the IJ

Impressie vanaf het IJ

Entrance grasweg / **Ingang grasweg**

Impression from IJ

Interior / **Interieur**

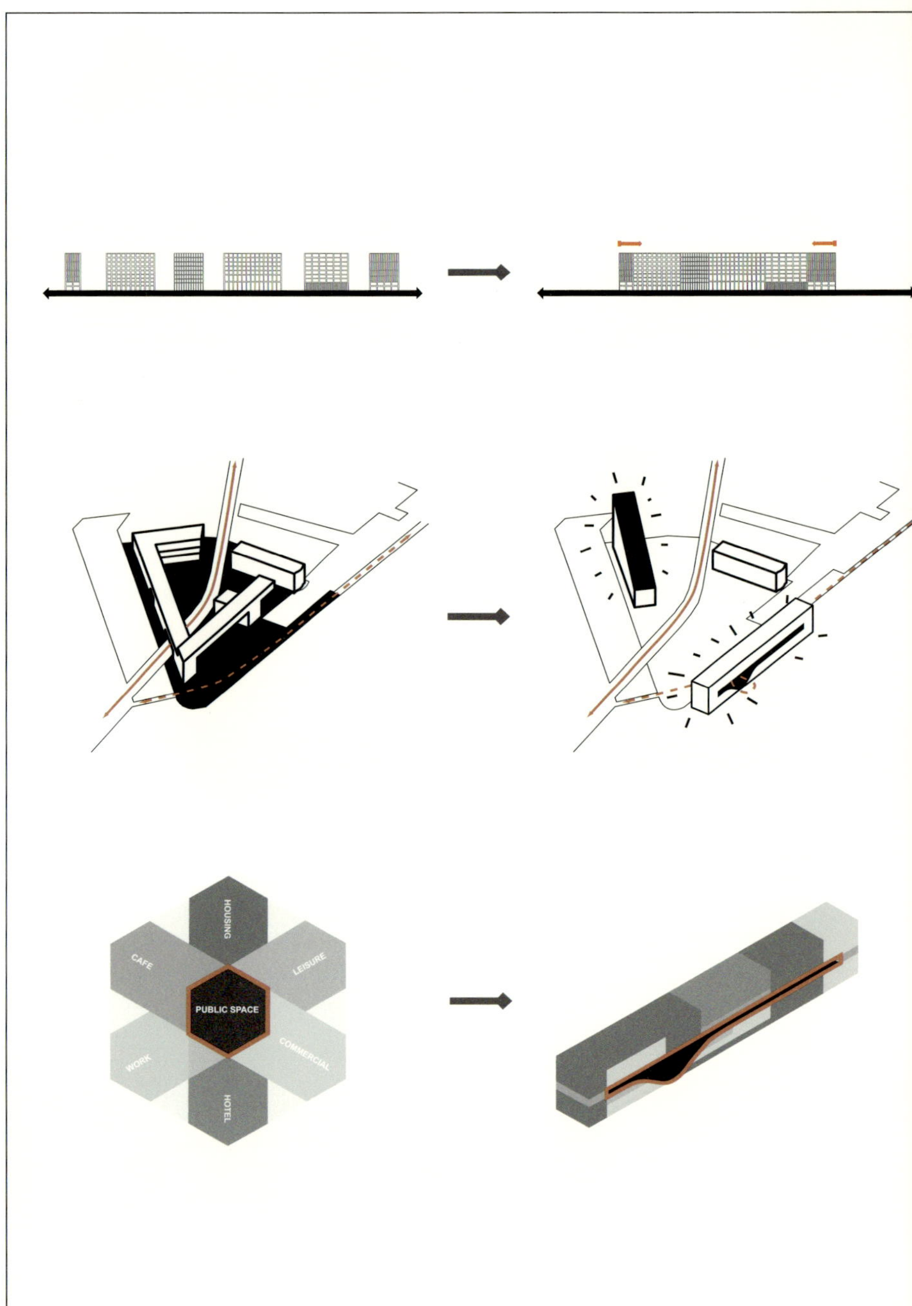

Fases van ontwerp

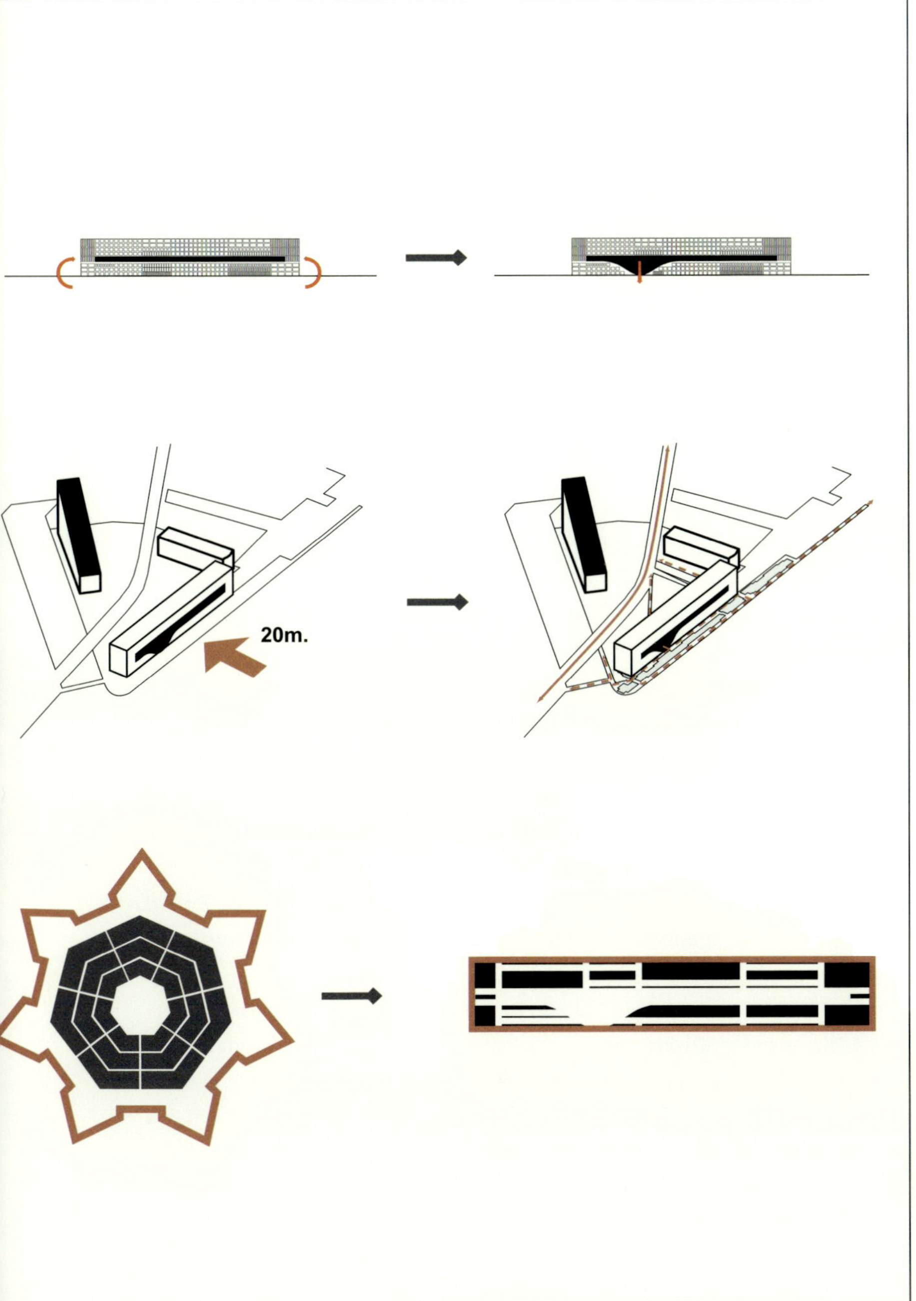



Design phases

# OPEN FRAME
### Elastik / Mat Studio

De stad Amsterdam maakt een sprong over het water om de mogelijkheden in Noord te verkennen. Frame Publishers, een bedrijf dat bekend is om zijn markante tijdschriften *Frame* en *Mark*, heeft plannen om een design- en architectuurcentrum op te zetten in Amsterdam. Tot nu toe is het bedrijf er nog niet in geslaagd de perfecte locatie in de gevestigde centra van Amsterdam te vinden. Frame Publishers ziet een toekomst voor zichzelf weggelegd in Amsterdam-Noord. Het is op zoek naar een duurzaam gebouw dat kantoren kan huisvesten, showrooms, een designhotel, een restaurant en een bar, een bibliotheek en een boekhandel, een tentoonstellings- en conferentieruimte, en ruimten voor in- en outdoorevenementen. Daarnaast is Frame een relatie aangegaan met het Franse bedrijf Materio, dat overal ter wereld kenniscentra voor innovatieve materialen op het gebied van design en architectuur vestigt. Materio is erin geïnteresseerd om samen met Frame een dependance op te richten in Amsterdam. Het Open Fort 400-initiatief lijkt dit plan een goed onderdak te bieden.

Frame is ervan overtuigd dat het als katalysator kan functioneren bij de ontwikkeling van de Buiksloterham in Amsterdam-Noord. Dit is een gebied waar van oudsher tal van industriële activiteiten plaatshebben die alleen de meest avontuurlijke personen van de overzijde van het water aantrekken. Het is een desolaat gebied met een geweldig uitzicht, maar vol beloften. Met het juiste programma en een uitgebalanceerde mix van leven en werken, het combineren van formeel en informeel gebruik van de locatie, zou de Buiksloterham weleens een van de spannendste gebieden van Amsterdam kunnen worden.

Voorbeelden uit het buitenland laten zien dat een culturele instelling de perceptie van een gebied inderdaad kan veranderen. Londens Tate Modern, bijvoorbeeld, trekt met succes grote menigten van de overkant van de Theems naar zijn galerie. Een ander sprekend voorbeeld is PS1 in Queens New York (nu gelieerd aan het MoMA), een centrum voor hedendaagse kunst, dat niet alleen naam heeft gemaakt door zijn tentoonstellingen, maar ook door zijn goed bezochte terugkerende evenementen, zoals het Young Architects Program en de Warm Up-musicalseries. PS1 is erin geslaagd mensen naar Queens te trekken die daar normaliter niets te zoeken hadden. Amsterdam-Noord heeft een soortgelijke attractie nodig, en het Frame Centre kan daarvoor zorgen.

# OPEN FRAME
## *Elastik / Mat Studio*

The city of Amsterdam is making a leap across the water to explore the opportunities in the North. Frame Publishers, a company well known for its signature magazines Frame and Mark, has been working on plans to set up a Frame Design and Architecture Centre in Amsterdam. So far the company has been unable to find the perfect location in the established centres of Amsterdam. Frame Publishers is interested in building a future in Amsterdam Noord. The company is looking for a sustainable building that can house offices, showrooms, a design hotel, a restaurant and bar, a library and bookshop, an exhibition and conference space plus indoor and outdoor events. Frame has come to an arrangement with Materio, a French company that establishes knowledge centres for innovative materials in design and architecture around the world. Materio is interested in setting up a branch in Amsterdam together with Frame and the Fort 400 initiative seems a good setting. Frame is confident that it can act as a catalyst in the development of this area in Amsterdam Noord. The Buiksloterham is an industrial expanse attracting only the most adventurous of characters from across the water. It is a desolate area but full of promise, with a great view. With the right program and balanced mixture of living and working, combining formal and informal use of the location, the Buiksloterham could very well turn into one of the most exiting areas of Amsterdam.

Examples abroad show that a cultural institution can indeed change the perception of an area. London's Tate Modern is a case in point, successfully pulling huge crowds across the Thames to its gallery. Another example is PS1 in Queens, New York, (now linked to the MoMA), a contemporary art centre that has made a name with such popular recurring events as the Young Architects Program and the Warm Up musical series as well as its exhibitions. PS1 has managed to attract people to Queens who would normally never go there. Amsterdam Noord needs a similar attraction and the Frame Centre can provide it.

Frame can bring the diversity of activities that will immediately turn this beautiful waterfront into a lively hotspot around the clock. The area has traditionally been occupied only during working hours and quickly emptied when

Frame kan deze prachtige plek aan het water een verscheidenheid aan activiteiten bieden, die de locatie van het ene moment op het andere in een levendige hotspot verandert, 24 uur per dag. Het gebied is van oudsher voornamelijk bezet tijdens kantooruren en ligt er verlaten bij zodra de mensen naar huis zijn gegaan. De combinatie van appartementen, kantoren, tentoonstellingen en evenementen zal zorgen voor een veel interessantere spreiding van activiteiten, zowel in als om het gebouw.

De plattegrond van het Frame Centre verleidt mensen ertoe het te verkennen. Na een drankje in de bar lopen ze langs de showrooms aan de waterkant om een buitengebeuren bij te wonen. Van boven aan het talud, dat naar de binnentuin voert, wordt je blik automatisch naar de ondergaande zon getrokken die de hele hemel rood kleurt. Het gebouw zorgt voor een perfecte omlijsting. In de vroege avond, na afloop van een conferentie, mengen de deelnemers aan de conferentie zich met de plaatselijke bewoners en genieten van de nog warme avond. Gasten op de hogere etages van het hotel bewonderen het uitzicht vanuit hun raam en een energiek jong stel entertaint wat vrienden met drankjes op het balkon dat rond hun appartement loopt. Later genieten ze in hun appartement van een lichte maaltijd verzorgd door het hotel. De 75 hotelkamers, ontworpen in samenwerking met en gemeubileerd door Frame, vormen een tijdelijk onderkomen voor mensen van over de hele wereld die zich aangetrokken voelen tot de internationale allure van zowel Amsterdam, Dutch design en Frame. In de weekenden genieten de mensen van de designmarkt langs het water, en mensen van de overkant die het geluk hebben over een eigen boot te beschikken, meren deze af aan een van de kades voor het Frame Centre om te genieten van een vroeg ontbijt. Veel mensen die aankomen op de zuidoever van het IJ, maken gebruik van de eigen bootservice om snel in het Frame Centre te komen.

Met zijn locatie en de unieke mix van tentoonstellingen en evenementen dicht het Frame Centre een kloof in Amsterdams culturele aanbod op zowel geografisch als inhoudelijk niveau. Het Centre probeert het gefragmenteerde culturele cluster van Amsterdam-Noord te handhaven. Het brengt een ode aan het design en de architectuur waar Nederlanders wereldwijd bekend om staan door die toegankelijk en genietbaar te maken voor iedereen die het water over wil naar Noord.

employees left for home. A combination of apartments, offices, exhibitions and events will bring a much more interesting distribution of activity in and around the building.

The layout of the Frame Centre entices people to explore. After a drink in the bar they can walk through the showrooms on the waterside to attend an outdoor event. From the top of the ramp leading to the inner courtyard the eye is automatically drawn to the setting sun that turns the entire sky red. The building perfectly frames this picture. In the early evening, after a conference, visitors mix with the local crowd in the warm evening. Higher up hotel guests look out of their windows to admire the view and a young couple has drinks with friends on the balcony surrounding their apartment. Later in the evening they will enjoy a light meal in their apartment catered by the hotel. The 75 hotel rooms, designed in co-operation with and furnished by Frame, form a short-term home for people from around the world, attracted by the international appeal of Amsterdam, Dutch design and Frame. In the weekends people enjoy the design market along the IJ and people from across the water who own their own boat can moor it at one of the docks in front of the Frame Centre for an early breakfast. Many people arrive at Frame from the south bank of the IJ by the dedicated boat service.

Frame Centre's location and unique mix of exhibitions and events fills a gap in Amsterdam's cultural offerings in both location and content. The Centre consolidates the fragmented cultural cluster of Amsterdam Noord and celebrates the design and architecture for which the Netherlands is known around the world, making it at once accessible and enjoyable for everyone willing to cross the water to the north.

# OPEN FRAME

### 1E RONDE

Van alle inzendingen die tot deze laatste ronde zijn doorgedrongen, komt het Open Frame wellicht het meest tegemoet aan de gestelde randvoorwaarden van de opgave. Het gebouw past exact binnen de gegeven stedenbouwkundige envelop en voldoet aan de rooilijnen en maximale hoogtes. Aan de architectonische uitwerking van dit plan is veel aandacht besteed, en het project is goed gepresenteerd. Het gebouw, dat gekenmerkt wordt door een opvallende rode onderdoorgang, biedt onderdak aan een designinstituut. Ook worden concrete voorstellen gedaan voor de inrichting van zo'n programma, dat goed inspeelt op de huidige aandacht voor de creatieve industrie. Toch mist de jury in dit plan een bepaalde sprankeling, die het meer maakt dan alleen een goed antwoord op de opgave.

### 2E RONDE

Het ontwerp voor het Open Frame is een sterke uitwerking van het voorstel uit de eerste ronde. Opvallend is de weloverwogen situering en omgang met de verschillende aspecten van de directe omgeving. Vooral de uitwerking van de gevel aan de zijde van de Buiksloterham kan op instemming van de jury rekenen. De kwaliteiten van de locatie met betrekking tot het uitzicht zijn optimaal benut, terwijl het gebouw ook refereert aan andere grote volumes aan het IJ. Het ontwerp voldoet grotendeels aan de gestelde randvoorwaarden, alleen de vorm en de maat van de 'footprint' zijn enigszins aangepast. De jury heeft waardering voor de intelligente omgang met de complexe opgave.
Over de rood geaccentueerde opening in het gebouw zijn de meningen binnen de jury verdeeld. Het levert weliswaar een sterk beeld op, maar de vraag is of deze plek, zeker gezien de wind in het gebied, wel een prettige verblijfsruimte is. Ook meer in het algemeen heeft de jury enige twijfel bij de materialisatie en algehele uitstraling, die in de presentatie nogal 'sophisticated' aandoen.
Het concept van programmatische vermenging behoeft volgens de jury nog wel verdere aanscherping. Met het voorstellen van

# OPEN FRAME

### 1ST ROUND

Of all the entries that have made it to this final round, Open Frame is probably the one that most fully complies with the limiting conditions of the building assignment. The building fits exactly into the given urban planning envelope as well as respecting the building lines and maximal height requirement. A great deal of attention has been paid to the architectural elaboration of the plan and the project is well presented. The building, characterised by a striking red underground passageway, houses a design institute. Specific proposals are made for the organisation of such a program, which represents an intelligent response to the current interest in the creative industry. All the same, the jury misses a spark of inspiration that would make this plan more than just a good response to the assignment.

### 2ND ROUND

The design for Open Frame offers a strong detailing of the plan submitted for the first round. What is striking is the well-considered location and the manipulation of various aspects of the immediate surroundings. The structural detailing of the facade on the Buiksloterham side in particular can count on the approval of the jury. The qualities of the location's view have been utilised to the full, whilst the building also alludes to other large-scale volumes along the IJ. The design conforms to the preconditions to a considerable extent, with only the form and size of footprint having been amended. The jury appreciates the intelligent way in which this complex assignment has been thought through.

Opinions were divided regarding the red highlighted opening in the structure. This does generate a strong image, but the question remains whether this would be a pleasant space to be in, especially bearing in mind the prevalent strong winds. In a more general sense the jury has reservations regarding the materialisation and overall image presented by the building, which comes across as being especially sophisticated in the presentation.

twee mogelijke grote partijen bij de invulling van het gebouw wordt wel degelijk een uitspraak gedaan over het programma, maar de jury betwijfelt of juist dit programma daadwerkelijk de beloofde vermenging van publieke en private functies tot gevolg zal hebben. Het programma trekt immers toch een enigszins beperkte doelgroep.

The jury feels the concept of programmatic intermixing requires further attention. With the proposal of two possible major parties for the use of the building, a definite statement has been made with regard to the programme, but the jury doubts whether this particular programme can actually provide the pledged intermixing of public and private functions, as it seems to appeal to a somewhat limited target group.

Zicht vanaf het IJ

View from the IJ

Camera Grasweg

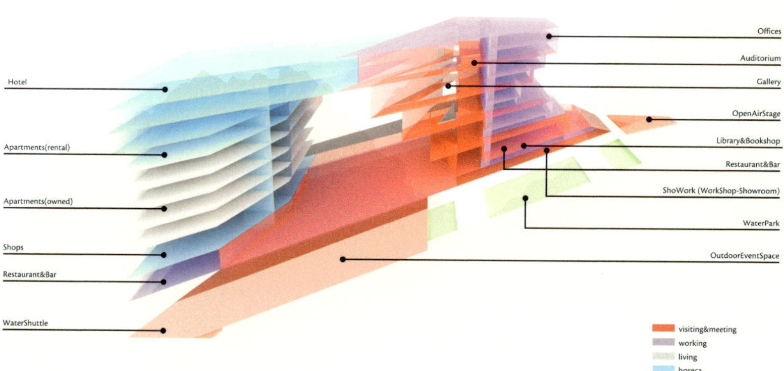


Diagram program routing / **Schema programmaroute**

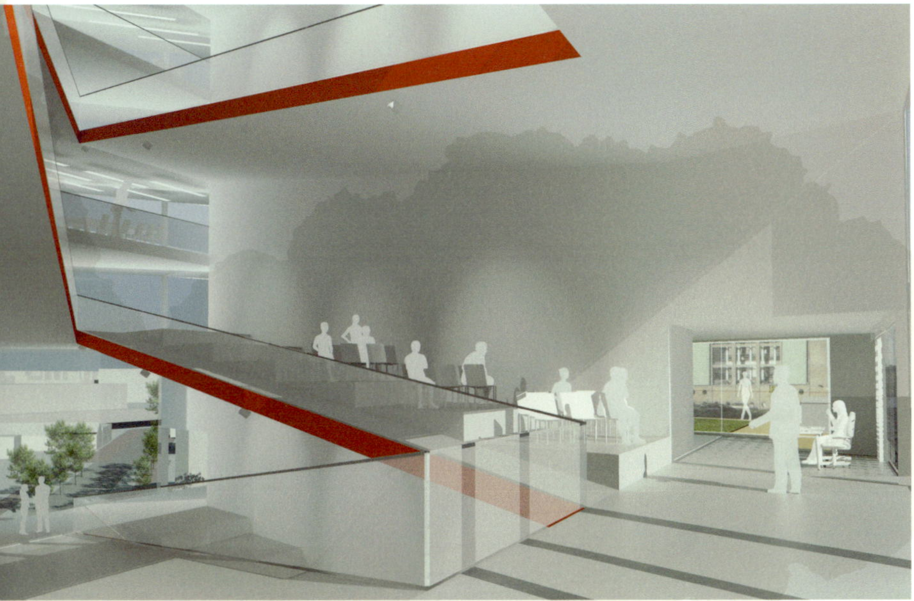

Interior / **Interieur**

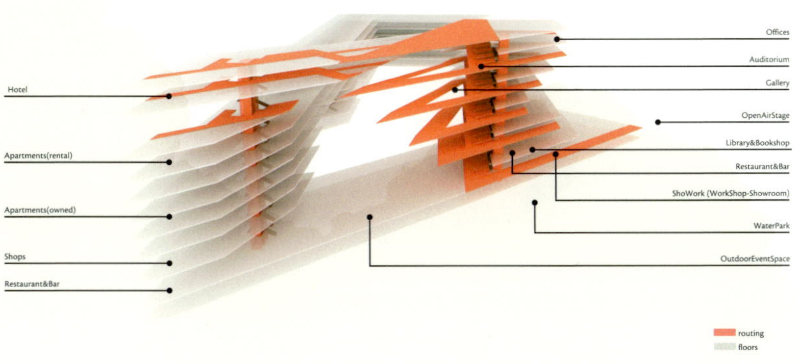


Diagram program routing / **Schema programmaroute**

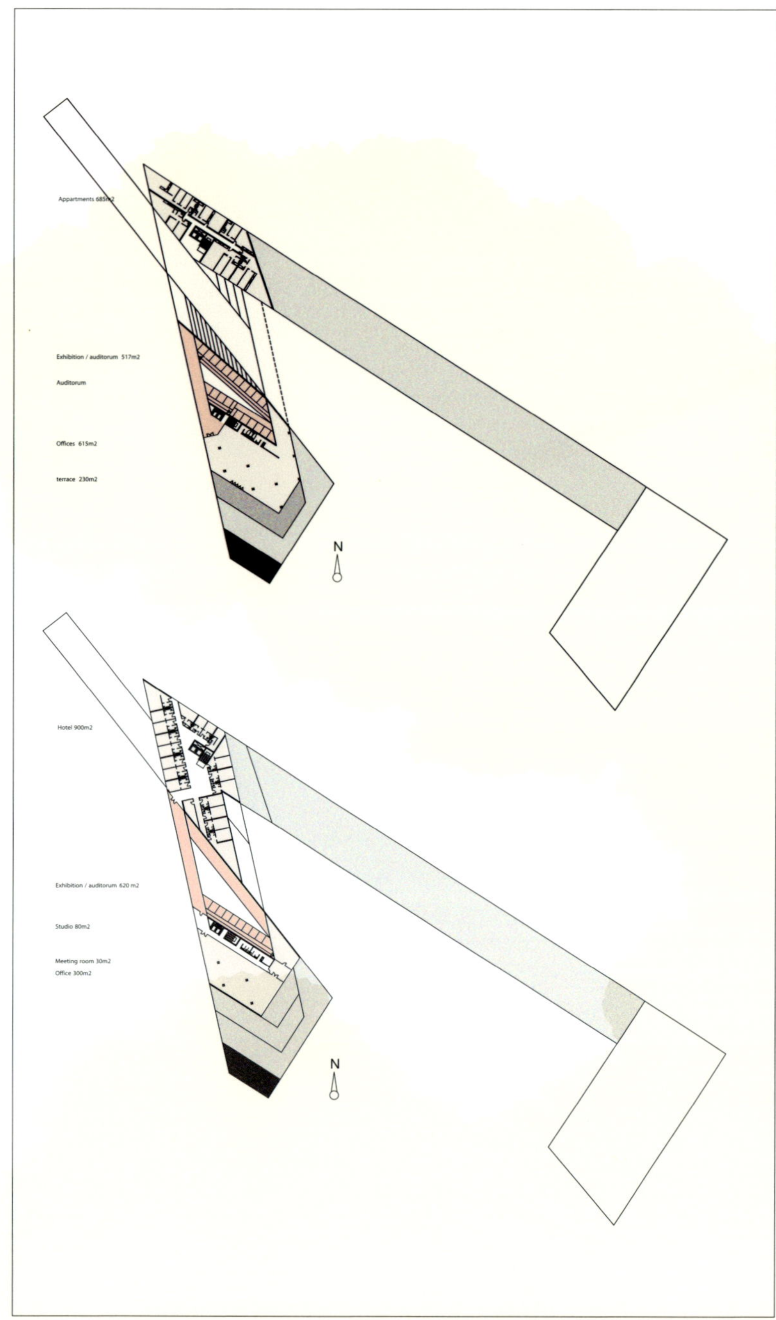


Floor plans 1:1000 / **Grondplannen** 1:1000

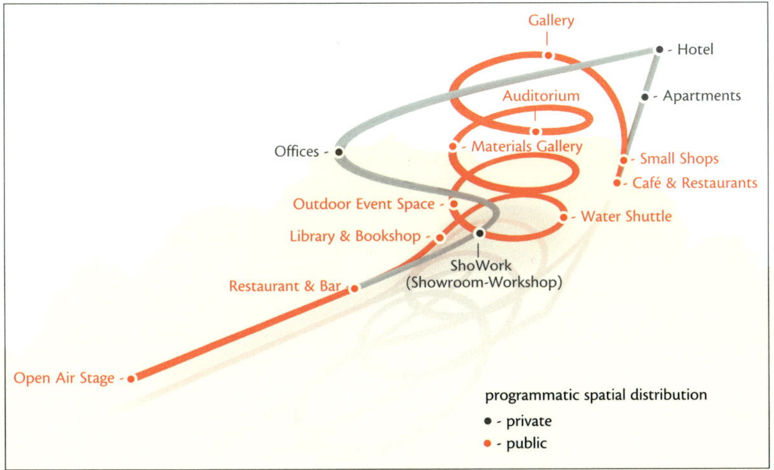


Diagram spatial system / **Schema ruimtelijk systeem**

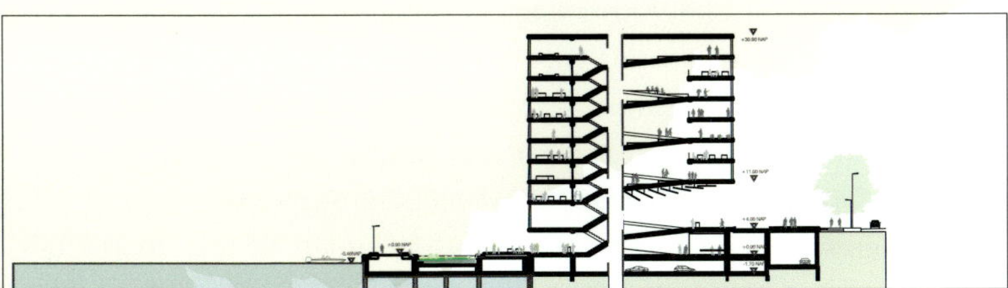

Section / **Doorsnede**

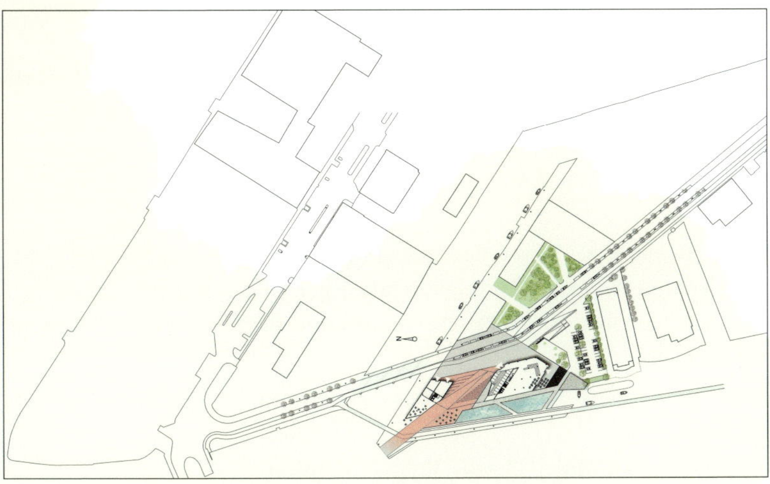

Floor plans 1:1000 / **Grondplannen 1:1000**

- **Floating Gardens**, Nuno Capa arquitecto, Nuno Ferreira Capa, Braga, Portugal
- **The big apples of Amsterdam**, Michel Heesen architectuur & landschap, Michel Heesen, Amsterdam, Nederland / The Netherlands
- **Open Fortress**, s/p Architects, Silvio Popovsky, Arizona, vs / us
- **Nieuw2 Amsterdam**, morePlatz, Caro Baumann, Rotterdam, Nederland / The Netherlands
- **Silhouette**, Woltjer Berkhout Architecten, Tom Berkhout, Amsterdam, Nederland / The Netherlands
- **Open Eco Fort**, hm Architecten, Will Weerkamp, Amsterdam, Nederland / The Netherlands
- **Cook en IJ**, Sander Laheij, Amsterdam, Nederland / The Netherlands
- **North at the IJ**, Hendriks Schulten architecten bv, Gert-Jan Hendriks, Amsterdam, Nederland / The Netherlands
- **Floating Flow**, Atenastudio, Rossana Atena, Rome / Roma, Italië / Italy
- **Non-stop Evolution**, rim, Alexander Remizov, Moskou / Moscow, Rusland / Russia
- **Miso soup principal**, arst, Andrey Buslaev, Novosibirsk, Rusland / Russia
- **Porousity**, Ricardo Mazzoni, Milaan / Milano, Italië / Italy
- **XYMY42**, studio tx, Jeroen Tacx, Amsterdam, Nederland / The Netherlands
- **Edge**, Damiano Galbo, Alcamo, Italië / Italy
- **Leading Light**, Dmitriy Kozak, Kamenevka Dnepropetrovsk, Oekraïne / Ukraine
- **C3**, mcp arquitectura, D. Manuel Cerdá Pérez, Valencia, Spanje / España
- **Open lofts**, Miguel Valerio, Amsterdam, Nederland / The Netherlands
- **Ramhout van dam**, baukuh architects, Pier Paulo Tamburelli, Genova, Italië / Italy
- **Stealth 3535**, Dario Sironi, Milaan / Milano, Italië / Italy
- **New Brooklyn**, Urban Progress Design Inc, Luc Vrolijks, New York, vs / usa
- **Philippe Krych**, Parijs / Paris, Frankrijk / France
- **Amsterdam**, Marcos Murakami
- **Water (w)edges**, bureauSLA, Peter van Assche, Amsterdam, Nederland / The Netherlands
- **Couch**, Jeroen Huijsinga, Den Haag / The Hague, Nederland / The Netherlands
- **Superfort**, João Prates Ruivo, Lissabon / Lisboa, Portugal
- **A pioneers's story**, Letts Wheeler Architect, Nottingham, Verenigd Koninkrijk / United Kingdom
- **Clean Energy 21**, Vadim L. Zaitsev, Georgia, vs / usa
- **Warehouse_Volume**, Franzo Di Pasquale, Venlo, Nederland / The Netherlands
- **Organic knowledge**, Open Studio Pty Ltd Architecture, Britta Klingspohn, Melbourne, Australië / Australia
- **Long for the city**, Universe Achitecture, Janjaap Ruijssenaars, Amsterdam, Nederland / The Netherlands
- **2 motion**, Rigel 99, Vasil Shilev, Plovdiv, Bulgarije / Bulgaria
- **Open wall**, Rigel 99, Vasil Shilev, Plovdiv, Bulgarije / Bulgaria
- **Hybrid open fort**

- **Alter**, Atelier Alter Inc, Mikhail Chin, New York, VS / USA
- **Fandeev Oleg**, Saratov, Rusland / Russia
- **Noordpoort**, Wim Smits, Breda, Nederland / The Netherlands
- **In-SPIRE**, Studio Sascha Glasl, Sascha Glasl, Amsterdam, Nederland / The Netherlands
- **Valentin Oleynik**, Sint-Petersburg / Saint-Petersburg, Rusland / Russia
- **Segment 8**, Kanco Studija, Algimantas Kancas, Kaunas, Litouwen
- **Gateway to Amsterdam**, Slot., Israel Alvarez Matamoros, Mexico-stad / Mexico City, Mexico
- **Aliaksei Andreyuk**, Brest, Belarus
- **Sheer blonde**, Inarchitecten, Mark Hekkert, Amsterdam, Nederland / The Netherlands
- **Invitation to the voyage**, Bacco Arqiutetos Associados, Marcelo Consiglio Barbosa, São Paulo, Brazilië / Brasil
- **Flower Polder**, De Lapuerta y Asensio arquitectos, Jose María De Lapuerta Montoya, Madrid, Spanje / España
- **Omega Point**, Vision Included, Gerrit Dijk, Delft, Nederland / The Netherlands
- **Fortcrane**, Julian Syras, Parijs / Paris, Frankrijk / France
- **Feed the city**, Abram de Boer, Amstelveen, Nederland / The Netherlands
- **140rond**, OTH, Julian Wolse, Amsterdam, Nederland / The Netherlands
- **Fort Flamboyant**, Solid Objectives, Florian Idenburg, New York, VS / USA
- **Fort on stilts**, GAAGA, Esther Stevelink, Delft, Nederland / The Netherlands
- **2xHVB**, Architectenbureau K2, Jan-Richard Kikkert, Amsterdam, Nederland / The Netherlands
- **WIC**, Plane Sight Architecture, Aldo Trim, Schoonhoven, Nederland / The Netherlands
- **Open Edge**, DONIS, Fernando Donis, Rotterdam, Nederland / The Netherlands
- **Tip**, PUC Platform for Urban Culture, Andrius Skiezgelas, Vilnius, Lithuania
- **Vertical neighbourhood**, Nikolay Ivanov Kolev, Sofia, Bulgarije / Bulgaria
- **IJ-Bad**, René Berbee, Amsterdam, Nederland / The Netherlands
- **Albino Alligator**, Maxwan, Franziska Wien, Rotterdam, Nederland / The Netherlands
- **Platforms**, Matan Sapir
- **Coral Reef**, Biuro BudCud, Mateusz Adamczyk, Krakau / Krakow, Polen / Poland
- **The red pumba**, Javier Fernández Contreras, Madrid, Spanje / España
- **De halve maen**, Mulders vandenBerk Architecten, Chris van den Berk, Amsterdam, Nederland / The Netherlands
- **Silofort**, SoftGrid Amsterdam, Pim van Wylick, Amsterdam, Nederland / The Netherlands
- **Buiksloterham Unzipped**, Groep Noord, Matteo Kuijpers, Voorburg, Nederland / The Netherlands
- **Fort X, XML**, David Mulder-van der Vegt, Amsterdam, Nederland / The Netherlands
- **Open Frame**, Elastik, Igor Kebel, Amsterdam, Nederland / The Netherlands
- **Hal 400**, Merijn Muller, Amsterdam, Nederland / The Netherlands
- **New York 5**, Stereo Architects, Finnbar McComb, Rotterdam, Nederland / The Netherlands

Deze publicatie verschijnt gelijktijdig met een tentoonstelling in de Zuiderkerk te Amsterdam, van 18 december 2009 tot 27 februari 2010. / This publication coincides with an exhibition at the Zuiderkerk in Amsterdam, the Netherlands, from 18 December 2009 till 27 February 2010.

SAMENSTELLING / COMPILATION: Huib Haye van der Werf

TEKSTREDACTIE / COPY EDITING: Kirsten Verhagen / Rowan Hewison

VERTALING / TRANSLATION: Laura Vroomen / ANWB Vertaalservice / Business Translation Services

ONTWERP / DESIGN: Studio Michiel Schuurman

ZETWERK / TYPE SETTING: Hansje van Halem

FOTOGRAFIE OMSLAG / PHOTOGRAPHY COVER: Cassander Eeftinck Schattenkerk

DRUK EN LITHOGRAFIE / PRINTING AND LITHOGRAPHY: NPN drukkers

PRODUCTIE / PRODUCTION: Alma Timmer (NAi Uitgevers / Publishers)

UITGEVER / PUBLISHER: Eelco van Welie (NAi Uitgevers / Publishers)

Deze publicatie kwam tot stand in samenwerking met het Nederlands Architectuurinstituut, Woningcorporatie Ymere en de Gemeente Amsterdam. / This publication was made possible in cooperation with the Netherlands Architecture Institute, Housing Corporation Ymere and the City of Amsterdam.

Van werken van beeldende kunstenaars aangesloten bij een CISAC-organisatie is het auteursrecht geregeld met Pictoright te Amsterdam
© 2009, c/o Pictoright Amsterdam

For works of visual artists affiliated with a CISAC-organization the copyrights have been settled with Pictoright in Amsterdam.
© 2009, c/o Pictoright Amsterdam

Niet alle rechthebbenden van de gebruikte illustraties konden worden achterhaald. Belanghebbenden wordt verzocht contact op te nemen met NAi Uitgevers, Mauritsweg 23, 3012 JR Rotterdam, *info@naipublishers.nl*

Although every effort was made to find the copyright holders for the illustrations used, it has not been possible to trace them all. Interested parties are requested to contact NAi Publishers, Mauritsweg 23, 3012 JR Rotterdam, the Netherlands, *info@naipublishers.nl*

NAi Uitgevers is een internationaal georiënteerde uitgever, gespecialiseerd in het ontwikkelen, produceren en distribueren van boeken over architectuur, beeldende kunst en verwante disciplines.
*www.naipublishers.nl*
NAi Publishers is an internationally orientated publisher specialized in developing, producing and distributing books on architecture, visual arts and related disciplines.
*www.naipublishers.nl*

Available in North, South and Central America through D.A.P./ Distributed Art Publishers Inc, 155 Sixth Avenue 2nd Floor, New York, NY 10013-1507, tel +1 212 627 1999, fax +1 212 627 9484, *dap@dapinc.com*

Available in the United Kingdom and Ireland through Art Data, 12 Bell Industrial Estate, 50 Cunnington Street, London W4 5HB, tel +44 208 747 1061, fax +44 208 742 2319, *orders@artdata.co.uk*

PRINTED AND BOUND IN THE NETHERLANDS

ISBN 978-90-5662-730-0